解码

微反应

刘瑞军——编著

中国纺织出版社

内 容 提 要

生活中你是否因为不了解他人的真实想法，而使人际关系屡屡变得尴尬？情场上，你是否因为不了解对方的真实内心，而使情感无声地遭受折磨？生意谈判中，你是否因为不了解对手的心理，而使谈判陷入僵局？职场中，你是否因为读不懂上司的策略心声，而使工作举步维艰？凡此种种，你是否因为经常陷入被动的境地而发出长叹？其实，改变困惑，只要掌握微反应的实质，由此达到解情达意即可。

微反应是心理学的重要内容，它是人类经过长期进化而产生的一种本能反应，从中能折射出一个人内心的真实意图。微反应作为人类的一种本能，不受思想意识的控制，不以人的意志为转移。在生活中，你、我、他很多时候都在表现着微反应，而很多人却不懂得如何运用微反应。本书将从人体的微反应开始，告诉你如何正确、准确地读懂微反应并运用微反应，从而让你更好地了解对方，由此从容社交，享受幸福。

图书在版编目（CIP）数据

解码微反应／刘瑞军编著 . —北京：中国纺织出版社，2013.7（2024.3 重印）

ISBN 978 - 7 - 5064 - 9445 - 8

Ⅰ . ①解… Ⅱ . ①刘… Ⅲ . ①心理交往—通俗读物Ⅳ . ①C912.1 - 49

中国版本图书馆 CIP 数据核字（2012）第 283951 号

策划编辑：库 科　　　　责任编辑：胡 蓉
特约编辑：兰 剑　　　　责任印制：储志伟

中国纺织出版社出版发行
地址：北京朝阳区百子湾东里 A407 号楼　邮政编码：100124
邮购电话：010—67004461　传真：010—87155801
http://www. c-textilep. com
E-mail：faxing@ c-textilep. com
中国纺织出版社天猫旗舰店
官方微博 http://weibo. com/2119887771
三河市宏顺兴印刷有限公司印刷　各地新华书店经销
2013 年 7 月第 1 版　2024 年 3 月第 2 次印刷
开本：710×1000　1/16　印张：17
字数：227 千字　定价：68.00 元

前　言

　　社会生活是一个大舞台，在这个舞台上每个人都扮演一个角色，都会奔走于特定的情景与片段中。在这奔走之中，许多人会不知不觉地碰到太多的迷茫与无奈。

　　试想，生活中，你是否因为不了解他人的真实想法，而使人际关系屡屡变得尴尬？情场上，你是否因为不了解对方的真实内心，而使情感无声地遭受折磨？生意谈判中，你是否因为不了解对手的心理，而使谈判陷入僵局？职场中，你是否因为读不懂上司的策略心声，而使工作举步维艰？凡此种种，你是否因为经常陷入被动的境地而发出长叹？

　　你不妨仔细思考一下，为什么会这样呢？最主要的原因就是你不懂得窥察别人的行为和反应，从而不能采取有效的措施和方法来应对这一切。其实人与人之间就是一场博弈，博弈制胜的关键点就是透过微反应而读懂人心。

　　如果你是一个破译"微反应"的高手——

　　那么，你就会通过"微反应"知道对方想什么、要什么；你就能分辨真假，不会把敷衍的谎言当做真诚，也不会误解他人的本意而坐失良机；你知道对方喜欢听什么话，哪些话能说，哪些话不能说，从而建立良好的社交关系；你知道如何更好地把握他人的心理，更好地掌控他人，而让自己聪明地社交、幸福地收获。

所谓微反应是人们在受到有效刺激的一刹那，不由自主地表现出的不受思维控制的瞬间真实反应。这种反应在一瞬间完成，是人类无意识、不自觉的一种行为。它是人类的一种本能，不以人的意志而转移。不管是谁，也不论在日常的生活中，他多能"装"，当他受到刺激之后的第一时间，就会做出一些自己毫无办法控制的微反应。即使是伪装，这种伪装也要在微反应过后才能表现出来。而在他做出这些伪装之前，如果我们已经洞悉了他的微反应，那么就已经知道他最真实的心理动态，不管他再用什么样的伪装、掩饰，都已经无济于事了。

须知，人心不但是一本丰富的书，也是一本难懂的书。正如常言道"画虎画皮难画骨，知人知面难知心"。这清楚地道出了窥察他人内心的艰难和不易。但"难"知，不代表不能知，只要我们找到解读它的钥匙，它就不会变成一部天书。所以，要了解别人的内心，洞察他人的心理动态，掌握对方的真实性情，我们还需要做些功课。这个功课不一定很难，但需要仔细，不一定复杂，但要用心。从一个人的微反应就能很好地读懂他的内心，看到心灵的最深处，从一个细微的动作、一个不经意的表情，我们就能看到这个人此时此刻的心理动向，掌握第一手的分析资料，从而做出最准确的判断，以达到趋利避害的效果。

本书正是基于帮助你读懂微反应、从而读懂人内心的角度来写的。

可以说，掌握了微反应的实质，就意味着你握取了一把开启他人心灵的神秘武器。拥有它，你就能知道如何运筹帷幄，拥有它，你就懂得如何驾驭人心。

在竞争激烈的当今社会中，不管你是致力于建功立业，顺风扬帆，还是想拓展人脉，增进交往，抑或在生活中得到恋人的垂青，到达幸福的彼岸，读懂别人的内心都是必须要做的一项工作，这项工作不但要做，还要做好，因为只有这样，你才能有预见——洞明世事，有眼力——人情练达！

编著者

2013年3月

什么是微反应？

　　微反应，是心理学的重要名词。它是指人们在受到有效刺激的一刹那，不由自主地表现出的不受思维控制的瞬间真实反应。严格来讲，"微反应"是个广义的"大词"，包括三个方面的内容：一是和微反应并列在一起的微表情，属于"面部微反应"；二是指身体的一些微小的反应，即能够映射心理状态的身体动作，可以称之为"微动作"，属于"身体微反应"；三是语言信息本身，包括使用的词汇、语法以及声音特征，称为"微语义"，属于"语言微反应"。时间短，不受思维控制是它的主要特征。**每一种微反应都对应着一种密码，这种密码就是我们认识和窥见他人心理活动的工具。**

微反应是洞悉人心最准确的线索

　　语言表达观点、看法、感受，是一个人思想的再现和解释。虽然没有人会承认自己经常撒谎，但事实上，我们对语言的加工是最多的，单单从语言本身出发，已经很难得到一个人最真实的内心想法。人经历的事情越多，阅历越丰富，就越难从语言层面得到真实信息。

　　微反应则可以帮助我们从另外的角度进行破译，一个细微的动作就能将他的态度表露无遗，一次耸肩，一个懒腰，一个抿嘴，都蕴藏着丰富的心理信息。**对于一个看似不经意间的动作，只要用心就能找到你想要的答案。**

真实的四分之一秒

　　微反应与时间有密切的关联，它往往是瞬间地流露、瞬间地消失，那么微反应的时间到底多长才是真实而客观的呢？一般来讲不是说越短越好，也不能过长，因为如果过长的话，就很有可能是假的。**在一些场合，一个真实的微反应，它的时间只有四分之一秒那么长。**就是这个四分之一秒，将你自己内心的真实想法完全地暴露出来了。因为时间太短，所以你没有办法进行掩饰，也没有伪装自己的可能。

　　比如说，我们都会在日常生活中碰到一些让自己吃惊的事情，很多人面对吃惊时会有很大的反应，而且反应的时间还比较长，其实如果吃惊超过一秒钟，那么这个吃惊很可能就是假的，不是自己内心最真实的想法。因为通常情况下，很多人会想既然出现了一些意外，如果自己不表现出吃惊的样子，很可能会被别人误以为是怪人，所以就只好将自己的吃惊表情放大，延长自己惊讶的时间，从而给别人一种印象，"我对这个事情很吃惊，很意外"。

　　客观地讲，很多人对微反应的了解已经通过多年的生活积累有了一定的认识，只是没有形成一定的系统而已。这些东西也是我们在日常生活中拿来判断一个人是不是成熟的标准。比如别人的一个眼神，或者是一个细小的动作能被你及时捕捉，然后做出积极正面的回应，那么之后你再和这个人交往的时候，就会受到更大程度的重视。即便你不被认为是精明的人，也会被看做经验丰富的老手。

微反应出现的原因

人面部表情的反应是因为肌肉的抖动产生的，肌肉的反应是在瞬间完成的，不是我们自己能控制的，你在任何时候都不可能看见一个人脸上的表情要经过长时间的酝酿才能呈现，都是在瞬间出现的。说话也是一样，每个人在说谎时都不可能是像讲实话那样有安全感，所以自然就会产生一些异动。

这些就是微反应出现的一个原因，因为他的内心发生了变化，身体的结构、生理反应也发生了变化。比如说人在遇到危险，或者是恐怖的事情时，全身的血液会涌向腿部，双手冰冷。还有如果一个人在听到一件事情后，提高嗓门，然后用手猛拍桌子，做出非常生气的样子，其实他并没有生气，只是装出来的而已，如果真的生气了，提高声音和拍桌子两个动作是连在一起的，两者之间没有时间差。

总之，读懂对方，抓住瞬间的四分之一秒非常重要。

读懂微反应难吗？

人心是一本内容丰富的书，也是一本难懂的书，**正如常言道"画虎画皮难画骨，知人知面难知心"。但"难"知，不代表不能知**，只要我们找到解读的密码，那么它就不会变成一部天书。所以，要了解别人的内心，洞察他人的心理动态，掌握对方的真实性情，我们就需要做一些功课。这个功课不一定很难，但需要仔细，不一定复杂，但要用心。这样的话，当微反应被你捕捉到时，你便能窥视到他的心灵深处。由此，原本看似复杂难懂的天书便不难解读。

破译微反应有什么好处

微反应之所以能为我们提供真实的第一手资料，其根本原因就在于它的出现是不受人的意识控制的，是不以人的意志为转移的，而当我们能够破译微反应的密码时，我们就能够从容地解读出对方的真实心理，从而根据这真实的第一手资料做出最准确的分析和判断，达到趋利避害的效果。

在竞争激烈的当今社会，不管你是致力于建功立业，还是想拓展人脉，增进交往，抑或是在职场上想顺风扬帆，还是想得到恋人的垂青，到达幸福的彼岸，都必须握取一把开启他人心灵的神秘武器。而这件神秘武器就是——解码微反应。只有这样，你才能洞明世事，人情练达，左右逢源，纵横驰骋！

CONTENTS

目 录

第 1 章

微反应：
内心活动的"晴雨表"

一个细微的动作能将他的态度表露无遗，一次耸肩、一个懒腰、一个抿嘴，皆蕴藏着丰富的心理信息。

微反应探秘解密图例 / 2

一、谁也逃不掉的微反应 / 4

微反应体现的是一种内心的需求 / 4

不知不觉中的肢体动作 / 7

真实的四分之一秒的一瞬间 / 9

二、日常生活中的微反应出卖你 / 13

当与朋友一起聊天时 / 13

从酒后失态读其人 / 15

别人为什么突然不看你 / 17

第 2 章

性格密码：
从小动作看人的性格

每个人的性格不同，就像是每种花开出不同的花朵一样，尽管都是枝干、叶的搭配，但各有各的芬芳。

1

小动作与性格解密图例 / 20

一、小动作与性格的关系 / 22

手不停地摸下巴或者托着下巴表示什么性格信号 / 22

时不时地玩弄自己的头发说明什么性格特点 / 24

东张西望的几种潜台词 / 26

不同的揉耳动作有不同的意思 / 28

二、个人形象的微反应 / 31

为什么有些人喜欢不断地变形象 / 31

喜欢穿"个性"的衣服 / 33

不同的口红不同的女人 / 35

三、无意识的小动作出卖你 / 38

摆出"V"形手势照相的意义 / 38

吐舌头代表什么 / 40

总是"喜欢"给别人敬酒 / 42

走在路上的人们…… / 44

第3章

商务与职场的心理解密：
通过动作看透他人的内心

如果能透过别人的一些细节动作读懂他的内心，那么你就能在未来的职业生涯中如鱼得水，如虎添翼，给自己的人生大厦添砖加瓦。

透视动作解密图例 / 48

一、读懂身边的同事 / 50

通过接听电话读懂同事性格 / 50

说自己忙的人是真的忙吗 / 53

不同的说话方式，不同的人生 / 56

声音高低大有学问 / 59

从小动作中读懂同事的性格 / 62

二、了解你的下属 / 65

从座位看员工的工作状态 / 65

下属模仿上级是什么原因 / 67

花言巧语的下属在想什么 / 69

口头禅能说明什么 / 72

从穿着打扮看透员工性格 / 75

如何把握员工的性格 / 78

三、读懂上司的心 / 81

看见下属过来，立即跷起二郎腿的上级 / 81

从不愿离开自己座位的上司 / 84

无聊晃腿，焦躁不安的上司 / 87

笔在手上转，上司很无聊 / 90

四、看懂心理认清客户 / 93

点头如捣蒜的客户 / 93

客户为何突然整理领带 / 97

手指动作出卖了他的谎言 / 99

为什么他的腿抖个不停 / 101

下意识地摸耳朵 / 103

四处张望为哪般 / 105

客户为何总是摸鼻子 / 107

第4章

让谎言无处藏身：
微反应与谎言的深层解密

下意识的小动作，却往往能够反映出我们内心最真实的想法。

面对谎言，我们只要看到了对方的微反应，就能一眼看穿！

洞察谎言解密图例 / 112

一、从语言习惯看穿谎言 / 114

人类为什么要说谎 / 114

微反应与谎言 / 116

答非所问就是不打自招 / 119

从谈话内容窥探真心 / 121

解释太多你会信吗 / 124

二、谎言的习惯动作分析 / 127

摸鼻子是撒谎者的惯常动作 / 127

说谎后的恐惧——拉扯衣领 / 129

多余的动作是谎话的代言 / 132

纵然高明也无法隐瞒 / 135

第5章

不可不懂的异性语言：
解读男人和女人的"真心"

快速及时地了解到异性的真实想法和情绪的变化，会成为促进异性之间良好交流的关键。

异性间心理解密图例 / 140

一、读懂男人心 / 142

聊天时突然双手抱在胸前 / 142

嫉妒就是爱你的表现吗 / 144

戒指是束缚吗 / 146

男人笑容的真假 / 149

为什么他总是喜欢用第一人称 / 151

二、女人的心海底针 / 153

盯着你看是喜欢你吗 / 153

女性微妙的笑容 / 155

舔嘴唇有大学问 / 157

爱慕之情中的难言之隐 / 159

总是贬低自己是自卑吗 / 161

三、恋爱中的心理学 / 163

脚尖的方向透露彼此感情 / 163

恋人对外界阻力的逆反效应 / 165

坐对面还是坐一排 / 167

女人撒娇的微反应 / 169

约会时喜欢坐左边的男性 / 171

恋爱中选择主动的女孩 / 173

第6章

社交行为心理学：
通过微反应看透他人的心思

无意识的行为，透露出的却是有意义的信号。从朋友言行的微反应中，我们能窥见出许多心思秘密。

朋友间心理解密图例 / 176

一、从无意识语言解读他的内心 / 178

口头上为你好，实际是为自己好 / 178

"和你说个秘密"的秘密 / 180

他怎么想的，总爱说"不过" / 182

越爱说"绝对"越没有自信 / 184

老说别人好，其实是想得到别人同样的回应 / 186

二、从无意识行为了解其人 / 188

喜欢听正面信息的人 / 188

失恋后心态很快恢复的人 / 190

"我总是很不幸……"的人 / 192

闭上眼睛想问题的人 / 194

朋友为何不停赞美他人 / 196

第7章
下意识的行为说明什么：
通过癖好，解读深层次的人性

通过微反应，我们可以了解到，人们下意识的行为会表现出其不同的特性，由此，通过一些癖好、习性也能够从很大程度上帮助我们窥见深层次的人性。

癖好与人性解密图例 / 200

一、下意识动作解读 / 202

下意识动作反映真实的自己 / 202

打电话手不闲着的原因 / 204

上电梯和爬楼梯的人 / 206

微妙行为，窥探人心 / 208

驾驶员心理的微变化 / 210

二、不同的爱好习惯，不同的个性 / 214

座位的讲究 / 214

为什么有的人经常会翻手机 / 217

看到排队的人群你有加入的冲动吗 / 219

用名牌就是没有自信吗 / 221

第 8 章

微反应背后的秘密：
多种情绪反应的相关解读

情绪是推动人体微反应发生的主要动力，是人体微反应的根源，所以，解读人体微反应的秘密，需要从解读微反应开始。

情绪反应解密图例 / 224

一、情绪背后的心里秘密 / 226

神秘的情绪交际 / 226

给他人一个美好的视觉 / 228

不同情绪的推动物 / 231

情绪中的临界点 / 233

影响情绪爆发力度的因素 / 235

二、情绪衍生的各种反应 / 238

尴尬的僵硬——冻结反应 / 238

探访病人的技巧——安慰反应 / 240

明白对方的心理定位——仰视反应 / 242

我的地盘我做主——领地反应 / 244

以爱的名义行凶——爱恨反应 / 246

"路见不平一声吼"——战斗反应 / 248

失败者有高兴的权利吗——胜败反应 / 250

对方的不舒服——逃离反应 / 252

参考文献 / 254

第 1 章
微反应：
内心活动的"晴雨表"

　　一个细微的动作能将他的态度表露无
遗，一次耸肩、一个懒腰、一个抿嘴，皆蕴藏着
丰富的心理信息。

微反应探秘解密图例

　　微反应是不受人主观意识影响的一种自发的行为，它反应的是我们内心最真实的一面，也就是说，一个人的情绪是内心世界的镜子，有什么样的情绪就有什么样的心理。

1. 如果你见到一个人在那里假装哭泣，多数情况下是一眼就能看出来的。

　　心理解密：真正哭泣的人通常是声泪俱下，目光低垂，神色黯然，并且目光是不会游移地注意周边情况的。

2. 自古以来，人们似乎就对酒情有独钟。通过一个人酒后的醉态也能解读出不同的心情和性格。

　　心理解密：有人酒醉之后就骂人，说明心中有怨气，只是平时有所顾忌，而酒精打消了他的顾忌；有人平时挺稳重，但醉酒之后不管相关还是不相关的都说个不停，这类人通常知心朋友较少，与人沟通较少。

2

3. 很多人面对吃惊时会有很大的反应，而且反应的时间还比较长，此时，这种反应往往不是自己内心最真实的想法。

心理解密：惊讶的表情持续时间很短，如果超过一秒钟，就可以判定这个人的惊讶是假的。人在突然吃惊时，大多会眉毛上扬，嘴巴微微张开，瞪大眼睛。

4. 如果一个人在听到一件事情后，提高嗓门，然后用手猛拍桌子，做出非常生气的样子，其实他并没有生气，只是装出来的而已。

心理解密：如果真的生气，提高声音和拍桌子两个动作是连在一起的，两者之间没有时间差。

一、谁也逃不掉的微反应

微反应是人类很独特的一种细小的反应个体心理活动变化的动作，一个眼神，一举手，一投足都有可能在不经意间将我们最真实的一面暴露出来。

微反应体现的是一种内心的需求

如果从专业的角度来分析的话，微反应是一个心理学领域的词汇，简单的解释是这样的，人不管是谁，在受到刺激之后都会有一个很细微的反应，这个反应是一刹那间的事情，不受人的思维控制。所以，时间短，不受思维控制是它的主要特征。

第一个特征是时间问题。微反应的核心就在这个"微"上，微的意思是小，就是很细小的一个反应。它可能是一个很小的动作，也可能是一个表情，也或者是一瞬间的僵硬，这些都算是微反应的一个表现形式。动作也好，表情也好，既然是很细小的，那么就有可能是不易被人察觉的。反过来讲，如果一点都不能被人察觉，讲它也就没有了意义。所以时间虽然短暂，但绝对可以捕捉得到。

第二个特征是不受人的思想控制。这一点尤其重要。因为不管是什么样的反应，不管是什么样的语言，一旦经过人的大脑加工，都有可能作假。人在社会交往的过程中，保护自己的一个本能的方式就是隐藏自己内心的真实感受，不想让别人知道自己到底在想什么，到底是什么态度，支持还是反对，所以会有一些习惯性的假动作出现，而这些假动作大多数情况下是不受本人思维控制的。

微反应之所以能为我们提供真实的第一手资料，其根本原因就在于它的出现是不受人的意识控制，不以人的意志为转移的，而我们只要能掌握到这些微资料，并且对每种微反应都能了然于胸，那么就有可能将对方的真实心理解读出来。

微反应有一个前提，就是刺激。需要有刺激源才能有真正的微反应。不是所有的刺激都能产生微反应。比如说微反应中的逃离反应。它讲的是人在面对与自己有关的一些负面信息的时候，而这些负面信息是自己不能解决的，那么就会本能地产生逃离反应。

举个生活中常见的例子。你做错了一件事情，已经没有弥补的余地，在开会的时候，领导把这个事情拿出来说。你听到这个话题后的第一反应会是什么？通常不是两只眼睛直勾勾地看着他，而是眼神会有漂移，这个漂移就是逃离，它是一种本能。再比如你看到或者是听到了一件极端厌

> 微反应在生活中无处不在，每个人身上随时都有微反应的体现，它是个人心理状态的体现。可能是一种生理需求，也可能是一种精神需求，更可能是一种物质需求。

恶的事情，或者是面临一种场面，你的第一反应也会是逃离、离开。不会想再津津有味地听下去。这种反应在人类面临危险的时候表现得最为显著，一旦面临危险，不管是谁，第一反应就是离开。刺激一般在生活中屡见不鲜，每种不同的刺激能产生不同的反应。

从大的范围来讲，微反应可以包含三个方面的内容。

第一个是和微反应并列在一起的微表情。所谓表情在狭义的范围内就是指人类的面部表情。微表情这个叫法已经被越来越多的人了解，并在生活中可能已经开始运用。有时候也可以将它定义为面孔微反应。

第二个是指身体的一些微小的反应。这个反应是刨除面部表情的，也就是我们常讲的小动作，或者是微动作，或者是身体微反应。

第三个是语言。语言是反映人类思想最直接，应用也最广泛的一种形式。我们在日常谈话的过程中可能会时不时地借助身体语言来表达我们想要讲的意思，不过肢体语言起到的也只是一个辅助性的作用，并不是最核心的内容。语言也可以叫微语言，或者是叫微语义都行。

我们在说话的时候，能表达我们意思的不只是词汇本身。语气的不同，即便是同样的词汇表达的也可能是完全相反的意思；同时词汇也有讲究，即便是表达同样的意思，可能不同的词汇表达出来，人的心理倾向就不一样。比如说我们讲到一个自己喜欢或者是不讨厌的人，他的智商不错，可能会用聪明这个字眼。但如果这个人是你很讨厌的，那么你讲出来的就有可能是狡猾，虽然都表达对对方智商的一种认可，但是前者就倾向于褒扬，而后者很明显就是贬斥，这就反映了我们对同一件事不同的内在心理动向。但是我们要讲的微反应，更大程度上是"身体微反应"，也就是微反应的第二个内容。所以这个可以将它称之为狭义微反应。

人在面对不同的事情时，会有不同的表情，也会伴随着不同的动作，身体的一些反应也会紧随而来，比如说人有喜怒哀乐几种情绪。

但时间长一点的情绪是能受到人类思想的控制的。比如说在面对一个非常让人振奋的消息时，小孩或者是年龄还比较小的少年，他们的表现可能会是手舞足蹈，但是大人一般不会有这么大幅度的动作，他们会表现得比较平静，从而表现出一个大人应该有的姿态。

在情绪面前,人类是可以作假的,尤其是一些社会阅历非常丰富,人情比较练达的人,他们可能更会隐藏。所以就需要借助一些微小的动作,不是经过他们修饰的反应来窥探他们的内心。了解他们最真实的想法。

不知不觉中的肢体动作

微反应和微表情经常会被分开谈论,之所以将两者分开来探讨,是因为两者之间的侧重点不同。微表情更多注重的在表情上,而微反应注重的更多的是反应。微表情可以看做是面部表情以及由面部表情延伸出来的一些个人表情,比如说喜怒哀乐,也就是人的不同情绪的面部表现。

但微反应和微表情在某些地方还是有一些共同点的,比如微反应可能会讲到一个人的肩膀的抖动,也可能会说到一个人的眉毛动作,因此,不管是微反应还是微表情,两者之间有一个共同的特点:不知不觉中发生,不知不觉中结束。

微反应是不受人主观意识影响的一种全然自发的行为,它反应的是我们内心最真实的一面,可以将你的喜、怒、忧、伤、欢等全部表现出来。而一个人的情绪就是内心世界的镜子,有什么样的情绪就有什么样的心理。

比如,如果你见到一个人在那里假装哭泣,多数情况下是一眼就能看出来的,当然除非这个人经过了专业的表演训练。

为什么能一眼就看出来呢?很简单,因为他的那种动作行为模式和我们日常见到的并不一致,比如他在哭泣的过程中会不知不觉观察周围的情况,这种行为是无意识的。

　　而一个真正哭泣的人通常是声泪俱下，双眼低垂，最重要的一点，一个人在内心极度悲伤的情况下，他是不可能注意周边情况的。

　　赵华是一家证券公司的员工，由于从远方过来的女朋友来到自己居住的这个城市看他，因此，他花了一个星期时间陪女朋友到处旅游了一圈。

　　其实他的工作还是比较自由的，平时主要是在银行蹲点，也没有领导监督，所以时间上可以自由分配。尽管是这样，公司明文规定，不准员工擅离岗位，领导也会时不时地查岗。赵华每个月都有一定的任务，他就是利用这个时间来陪女朋友旅游的，因此，这个月的任务他也只完成了80%。至于领导知不知道他擅离岗位他也不知道，当然也很担心。

　　第二个月刚开始，照例要开上个月的总结大会，表扬先进，批评落后。在领导批评业绩止步不前的员工时，经理首先板着脸问赵华："上个月你在银行上了几天班？"

　　这个问题让他不知所措，毕竟工作任务没有完成还可以补救，但如果旷工那么长时间让自己的经理知道了，只能走人了。

　　这时的赵华眼睛可怜巴巴地望着周围的同事，又望望经理，双腿无意识地往门边移了移，当然人还是坐在椅子上的。但很快他抬起了头，很镇定地说："上个月一直在某某银行，中间有点事出去办了一下……"

　　对于这个案例，首先我们来分析赵华的心理，在开会之前，赵华本来还有一种侥幸心理，但在经理问了那句话之后，他的心理显得有点恐惧、担心、害怕。这一心理从赵华的腿本能地往门口方向移动，眼神看了看周围的同事可以表现出来，这是缓解压力的一种动作。腿的动作则是因为面对这个场面他想逃跑，而且这个行为是在赵华不知不觉中发出的。从这一点我们就可以了解到赵华当时的心理。

　　每个人面对一些能产生刺激作用的信息时，总是会有这样或者是那样的情绪变化，这种变化不单单是心理层面，面部表情会给出反应，身体的其他部位也会做出相应的动作，这即是微反应，而且这些动作通常是在当事人不知不觉中一气呵成的。

真实的四分之一秒的一瞬间

我们在讲到微反应的时候，总是在说明一个问题，那就是微小，也就是不经意、不自觉，而且时间很短，不用太多的思考，就是在瞬间表现出来的东西。比如说你问某个朋友，你觉得我这个人怎么样啊？如果他连想都没有想，就说，你很好，不错啊。这个时候你可能会觉得这个回答不够负责任，但是这个回答却是他内心最真实的想法。不管有没有道理可言，这个真实的想法和客观的评价是两回事。

如果是经过了一段时间的思考，之后就你的每个问题说了一些自己的看法，那么，这个看法就是有可能是经过自己加工的，而且可能就涉及很多问题，比如他会想："你为什么会问这个问题？我该怎么回答会有很不错的效果？如果我讲实话你会有什么样的反应"等。这样的结果就偏离了自己最原本的内心看法。

这个时间到底多长才是合适的，一般来讲不是说越短越好，而事实上，如果过长的话，那就很有可能是假的。在一些场合，一个真实的微反应，它的时间只有四分之一秒那么长。就是这个四分之一秒，将你自己内心的真实想法完全地暴露出来了。因为时间太短，所以你没有办法进行掩饰，也没有伪装自己的可能。

比如说，我们都会在日常生活中碰到一些让自己吃惊的事情，很多人面对吃惊时会有很大的反应，而且反应的时间还比较长，其实如果吃惊超过一秒钟，那么这个吃惊很可能就是假的，不是自己内心最真实的想法。因为通常情况下，很多人会想既然出现了一些意外，如果自己不表现出吃惊的样子来，很可能会被外人误以为是怪人，所以就只好将自己的吃惊表情放大，延长自己惊讶的时间，从而给别人一种印象，我对这个事情很吃惊，很意外。

其实很多人对微反应的了解已经通过多年的生活积累有了一定的认识，只是没有形成一定的系统而已。这些东西也是我们在日常生活中拿来判断一个人是不是成熟的标准。比如别人的一个眼神，或者是一个细小的动作能被你及时捕捉，然后做出积极正面的回应，那么之后你再和这个人交往的时候，就会受到更大程度的重视。即便你不被认为是精明的人，也会被看做是经验丰富的老手。

> 快速是微反应的一个重要特征，一个人微反应最真实的部分在四分之一秒内，超过这个时间，就有可能被掺入虚假的成分。因此，读懂对方，抓住瞬间的四分之一秒异常重要。

在生活中，如果你留心观察，能发现很多微反应的实际案例。你正在和一个人聊天，或者是谈话，你们谈话的内容是比较正式、严肃的，而且你们两个人聊天的时候是站着的，对方讲过一句好话之后，不自觉地往后退了一步。如果你没有留意的话，那么这个细节也就这样过去了，如果你留意了，很可能就会对他后退一步的行为感到好奇，为什么呢？因为对方对自己的话并没有什么太大的信心，而只是随口一讲。其实自己内心是很没有谱的，可能一点信心都没有。这个微小的动作是不可能维持很长时间的，不可能只是后退一步，要花上几秒钟的时间。

在聊天的时候，多数情况下，我们都会撒谎。这是人在公开场合的一种本能的自我保护。越是社会阅历丰富的人，他们越是倾向于不随便表达自己的看法。有几个反应可以让我们知道对方的观点，话语的真假。比如说，男性如果讲话时摸自己的鼻子，那么很可能他是在说谎，或者是他要说谎了。

再有一个就是摸脖子，这个动作是非常典型的说谎前的序幕。就是随便的不经意的一个动作，一秒钟都不到的时间。再有就是眨眼睛，很多人认为眨眼睛是说谎话的证据。其实我国有句话对眨眼和说谎的关系解释的非常经典：说谎都不眨眼！事实就是这样的。说谎者是不眨眼睛的，这和我们普通的理解是不一样的，如果眨眼的话，那么就表明这个人的话，是可以信任的，而且他对你的印象也是积极的，正面的。但是眨眼的这个说法不能乱用，如果某人在和你说话时比较频繁的眨眼，那多半是在撒谎。之前讲的眨眼是一种极小频率的眨眼。

如果你和别人坐在一起谈话，对方讲了很多，可你对他所讲到的内容并不是很能理解，也不能一时间做出比较明确的判断，但是他自己的双手却紧紧地扶住了椅子的把手，那么就说明了这个人对自己的说辞其实是不认可的。另外，一般来讲，一个人如果是准备好了说谎的内容，心里已经盘算好了该怎么讲了，他也会抢着将自己的话一下子讲完，而不是慢条斯理地说出来。时间上的短暂能减轻他说谎的压力。

微反应的时间一般很短，当然这个肯定不是绝对的，一些日常的反应就不是能靠时间来判定的，不过判断标准不一样，就不能放在这里讨论了，所以也不能对这个结论本身产生什么影响。

人的面部表情的反应就是因为肌肉的抖动产生的，肌肉的反应是在瞬间完成的，不是我们自己能控制的，你在任何时候都不可能看见一个人脸上的表情要经过长时间的酝酿才能出来，都是在瞬间出现的。说话也是一样，每个人在说谎时都不可能是像讲实话那样有安全感，所以自然就会产生一些异动。

这些就是微反应出现的一个原因，因为他的内心发生了变化，身体的结构，生理反应也发生了变化。比如说人在遇到危险，或者是恐怖的事情时，全身的血液会涌向腿部，双手冰冷。还有如果一个人在听到一件事情后，提高嗓门，然后用手猛拍桌子，做出非常生气的样子，其实他并没有生气，只是装出来的而已，如果真的生气了，提高声音和拍桌子两个动作是连在一起的，两者之间没有时间差。

二、日常生活中的微反应出卖你

　　微反应是一种自发的，不自觉的动作，在不经意间流露出来的性格信号，心理活动的反应。日常生活中都是小事，微反应也没有大的动作可言，恰恰这些生活中的小动作将我们自己出卖了。

当与朋友一起聊天时

　　社会交往的复杂在于我们面对不同的人，要做出不同的行为动作，让自己看上去更适合这类人或者是这类环境。人都有被接纳、被喜欢的心理诉求，没有人愿意被别人排斥，所以就会在不同的场合做不同的自己。最为明显的一个例子是在工作场合你是工作中的你；家里是生活中的你；娱乐时是放松的你。当我们和老板在一起要正式、认真；和师长在一起要谦虚、礼貌；和下属在一起要尽量随和，但不失庄重；和晚辈在一起要端正而有长者之风。那么，我们和自己的好朋友在一起是什么样的呢？

　　每个人都有几个死党，男性朋友有几个志趣相投的好哥们，女性有几个能分享秘密的闺密。人不可能没有朋友，这不但是一种社会需要，也是发自内心的一种心理愿望。谁都不想老是自己一个人待着，工作之余能有几个人说说话，聊聊天，生活才有意思。那是一种放松，也是一种娱乐。和这些人待在一起，戒备就会少很多，所以和他们一起说话，聊天的顾忌就会很少，不用担心这些人会有伤害自己的行为。所以当你与自己的朋友一起聊天的时候，是不是真的全部放开了就能说明你们彼此是不是真的好朋友。

仔细观察下，和好朋友在一起聊天的时候，我们的动作是最夸张的时候，也是肢体语言最大、最多的时候，一方面是没有顾忌，另外是想将自己的想法尽可能无误地表达出来。这个时候的自己是最为真实的自己，很多想法能没有任何保留，没有任何顾忌地说出来。

比如说几个朋友在一起讨论某个人，大家所有的真实想法都会讲出来，不管是负面的还是正面的，不用担心有人会因为这个问题对自己有什么负面的评论；关于你的负面信息，如果是放在平时，多半是没有人会讲的，但这时你可能会讲（不代表背后议论别人的短处、负面信息就是对的），你不会担心这些人会"出卖你"，这是对他们本能的一种信任。说不定兴致来了，还会学那个人平时比较糗的样子来。

和朋友说话、聊天最明显的一个表现就是上文中说的，肢体语言较多，而且有的较夸张明显。通过这种表现我们也能知道对方是不是真的已经敞开心扉，和我们无障碍的交流。

比如有的人在和你聊天的时候会不断地眨眼睛或者翻动眼睛，这是因为身体原因对方的眼睛发痒才做出的行为还是因为无意识的微反应呢？如果是前者，那么与其的心理活动就没有多大的关系，而如果是因为后者，则很大程度体现了对方无限的心理活动。而我们通过这一微反应仔细观察及分析，读懂对方的心理或者其他方面，才是最重要的，因为这样我们能够更加全面地了解其人，有利于我们与其的交流。

当然，在与他人进行聊天的时候，对方还会做出很多其他的微反应，比如手部的动作，脚部的移动，面部表情的细微变化等，这些看似简单而且通常容易被忽视的微反应，都有利于我们了解其人，能够帮助我们与其更好地交流沟通。

聊天是人际交往非常普遍的行为，在这些普遍的行为中常有一些细微的反应，而微反应是对方心理活动以及个人性格的体现，因此，认识这些容易被忽视的普遍行为，了解微反应，就能够了解、认识其人。

从酒后失态读其人

不管是日常生活中还是交际中，喝酒是一件很普通的事情，俗话说："无酒不成席。"在有饭局的地方，大多数都会有酒的出现。似乎在饭局上没有了酒，客人就会不尽兴，东家就会不高兴。因此，衍生了类似"感情深，一口闷"的喝酒"名言"。当然，这样的喝法一不小心就会喝高，接下来喝高者的反应相信很多人深有体会。

酒后的自己和清醒时的自己完全是两回事，第二天回过神来，别人问你："嗨，昨天躺在马桶上睡觉的感觉怎么样啊？"

你惊讶地说："啊，马桶，什么马桶……那什么，我还有事……"

之所以你不愿意提起昨晚那一段，因为你那时候的行为以及一些小动作是失态的，而你现在是清醒的，两个时间的思维状态是完全不同的。

关于酒后失态的行为动作可以说是最为丰富多彩的，洋相总是层出不穷：

有的人喝醉酒之后会哭，没完没了的哭，这与他生活中或者工作中的各种压力有关；有的人喝醉了之后就骂人，逮谁骂谁，这说明他心中有怨气，他需要去释放，只是平时有所顾忌，而酒精打消了他的这个顾忌；有的人平时挺稳重，但喝醉酒之后就会说个不停，不管是好事、坏事，与你有关的还是与你无关的，如同倒豆子一样，会全部说出来，这类人通常知心朋友较少，与人沟通较少。当然，酒后失态的表现还有很多很多。

总之，酒后一个人失态的反应都说明了一个问题。他的心中是压抑的，不管是出于哪方面的原因，是压力、沟通、矛盾还是悔恨等，平时都得不到很好的发泄，长期积压在心中。有句话叫："酒壮怂人胆。"这句也

15

不无道理，在酒精的刺激下，当事人才会无所顾忌地发泄。这是一种很正常的现象。

所谓的酒后失态，重点在"失态"两个字上。简单说，就是做了与平常与众不同的事情。前面讲过，酒后失态是一种发泄，而发泄的目的是什么？就需要从他的行为动作上进行分析。

张强来自一个偏远的农村，现在某一线城市大学四年级上学。他的家庭条件不是很好，父母之前在县城做点小生意，后来因为生意不好做，又搬回了农村，经济条件越来越差，他自己心里也很是焦急。因为个性比较要强，所以家里的事情他没有向任何一个同学提起过。

他目前是班里的班长，所以他对自己的学习成绩及专业知识看得非常重要。但是既然是班长，那么班里的很多事情都需要自己处理，比如经常组织同学们参加一些文艺演出，参加各种会议，等等。而这些工作需要占用大量的时间，这极大地影响了他的学习成绩。所以，他的学习成绩一直处于班级中间位置。

最近一次舍友过生日，因为高兴，所以大家喝了很多酒，在酒过三巡之后，张强失态了，开始又哭又闹，同学们费了好大劲才将其弄回宿舍。

第二天，当同学提起此事的时候，张强总是会刻意地躲开……

分析案例中的张强，他酒后失态的其中一个原因是自卑酿成的，因为家里贫穷，经济状况不好，所以深感自卑，觉得一切问题都是没有钱造成的，因此自己看低了自己。

其次是他的学习成绩，他觉得作为班长，学习成绩一定要优秀，但很多客观因素造成了他学习成绩的不良，而其他同学倒没有这样认为，只是他可能认为别人会想："作为班长，学习成绩都上不去，还当什么班长呢？"因此造成了另一种自卑。

这所有的自卑情绪因为长时间得不到改善，压抑的太久就会爆发，而酒精则是一个很好的导火索。因此，张强酒后失态了。

从一个人的酒后失态可以看出他内心的很多东西，比如案例中的张强他是一个道德感很强的人，这类人只能接受自己好的一面，而很难接受自己不好的一面。因此，喝酒不仅喝的是热闹，更是"人心"。

别人为什么突然不看你

　　一般来说，面部表情更多的是属于微表情的范畴，但有一些因素它与微反应有一些共同之处，比如我们即将讲到的眼神交流中，别人为什么会突然不看你？

　　一般来讲，为了表示对对方的尊重，我们在和别人聊天的时候通常是眼睛看着对方的，并随时用眼神与对方进行交流，尤其是在正式场合，这一点非常重要，否则就会被对方认为是高傲，无礼的表现。

　　而对于对方眼睛是否是一直看着我们，不同的情况我们要进行不同的分析，比如我们在和别人说话的时候，有时可能会碰见一个人从头到尾都不怎么看你，说话时眼睛一直不留在你的脸上，即便是有，也是一闪而过，他们的表现是眼睑低垂，略带羞涩，或者是言谈举止拘禁，放不开。这类人并不是我们讲的那种高傲，狂妄者。这说明他们的性格比较内向，不善于和别人交流，同时对别人的戒心比较重而已。这样的个性特点让这类人不管和谁谈话时都不看着对方。

　　除此之外，你是否有这样的经历，在被问到一些很尴尬或者是很害怕，或者是很伤心的一些问题时，你的眼睛还会盯着提问的人看吗？显然，我们一般是不会这么做的。原因是我们的内心感到非常不适应，负面情绪的影响太大，让我们产生一种逃避的想法，负面情绪越严重，这种逃避的想法就越强烈。

　　比如说单位在开会，你这个月的业绩非常差，老板一直在说你的问

题，为什么做这么差，因为这个月你老是请假，请假的原因是你的朋友来了，在陪自己的朋友，而把工作耽误了，不但如此，这个月你还有两次大的工作失误，这种失误是不应该出现的，但是你却犯了。

你以前的错误现在也被拿出来当做负面典型，你感到很难受，可能是愧疚，也可能是恐惧（害怕被炒鱿鱼），非常不舒服，你的表现是什么？

低着头，不看你的老板，或者是时不时眼睛望向你的一个关系不错的直接领导，希望能从他那里得到一些安慰。

你的这种表现其实并不是希望他能站出来为自己说几句好话，而是本能地可以从这个人那里得到一些安慰。不至于那么紧张，恐惧，使自己的情绪能得到一定程度的舒缓，释放较大的精神压力。

当一个人受到负面情绪影响的时候，眼神会不自觉地从对方的身上移开，转而望着别的地方，最典型的这种反应不是眼神无目的的转移，而是望向能给自己带来安慰的一个"点"上，就好像是上面例子中的那个和自己关系不错的领导。这是一种规律，人类的一种本能的习惯。逃避是一种安慰，望向安全的人也是一种安慰，就是为了能在让自己不安的谈话中让自己舒服一些。

所以，如果和你说话的人突然间不看你了，你就可以认定，这个人对你的说话内容感到很不安，至于是恐惧，还是愧疚，依据不同的谈话内容不难做出判断。

第 2 章
性格密码：
从小动作看人的性格

　　每个人的性格不同，就像是每种花开出不同的花朵一样，尽管都是枝干、叶的搭配，但各有各的芬芳。

小动作与性格解密图例

　　不同的语言表达不同的含义，不同的动作也是不同的语言。我们除了可以通过普通的对话直白而简单地解读出对方的意思，也可以透过对方肢体的小动作，解读出对方的许多信息。

　　1. 玩弄头发是一个很女性化的动作，最常见的情况是出现在男女恋爱的初期。

　　心理解密：处于初恋期的女性，因对对方不是很了解，对于感情也不是很肯定，当感到有点害羞、有点紧张的时候就会出现这个动作。这是女性矜持内敛的特有表现。

　　2. 口红是女性化妆时的必备装束，一个女人，她可能没有眼影，没有假的睫毛，没有其他任何一种化妆品，但绝不会没有口红。

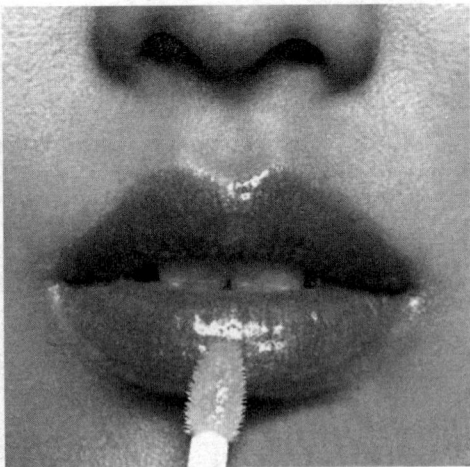

　　心理解密：喜欢用红色口红的女性，比较成熟，充满自信，很自我；用粉红色系口红，温顺、害羞，社会经验较少；用橘色系口红，大多有较好的自控能力。

3. V字形的手势虽简单但很经典，它蕴含着一种丰富的从众心理及个性特征的信息。

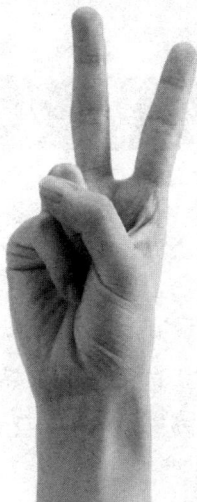

心理解密： V字形手势具有很酷、兴奋的含义。在潜意识的支配下，摆出V字形手势照相的人，能接受新事物，不封闭，性格开朗、活泼，大多属外向型。

4. 吐舌头是一个很女性化的微反应，其表达的意思在不同的场合下有不同的解读，所以结合场合分析很重要。

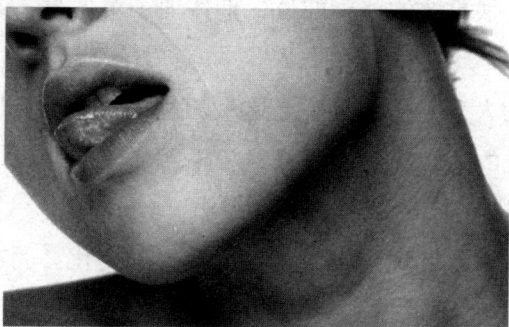

心理解密： 吐舌头在特定的情景下有特定的含义：一是典型不安情绪的表现；二是心理轻松的调皮反应；三是羞涩、不好意思；四是因内心喜悦而得意等。

一、小动作与性格的关系

不同的语言表达不同的含义，不同的动作也是不同的语言。普通的对话我们可以直白而简单地解读出来，但肢体语言显得有些隐晦。其实，人体每一个小动作就是一段话，只有读懂这些小动作，方能读懂对方的性格。

手不停地摸下巴或者托着下巴表示什么性格信号

古语说"相由心生"，就是说一个人的长相和他的心理、性格都是紧密相连的。而在长相中，下巴是很重要的一个部位，他体现了对方很多的心理秘密。

不同的面部长相体现不同的人生性格，在下巴这个部位来说，讲究也不少。比如宽下巴的人比圆下巴的人性格更为坚强；方下巴的人是典型的理想主义者；窄下巴的人不管是男还是女，都有点神经质等。

对于下巴的一些不同微反应，则体现了当事人不同的心理变化。而在社交中，我们经常会见到有人在聊天的过程中双手摸着它，或者是托着下巴讲话。这两个是非常典型的关于下巴的微反应。

首先来说摸下巴，这是最常见也是最明显的一个动作。包括我们自己在日常的谈话中也经常会这么做。摸下巴给我们的信号是他在思考，而且可能会做出一些决定，如果一边摸着下巴，一边微微点头，眉头展开，这就是肯定的信号，表明对方对你是认可的，很可能会做出一些有利于你的决定。如果一边摸着下巴，眉头慢慢结在一处，但并不是拧紧，身体微微地往后倾，这是否定的信号，可能这个人对你或者是你的观点持否定态度。

一般来讲，摸下巴是在开始谈话后相当长一段时间之后的表现。这也表明了你的话已经对对方产生了影响，至于是积极的还是消极的，可以通过他的微反应做出判断。这对你而言是个好消息，因为你不用担心他是在敷衍你，对方已经是个不错的聆听者，而不是马马虎虎地听你两句了事。

其次是托着下巴。这个动作通常表示："我在听，很认真地听！"这个动作一般发生在开始谈话后不久，如果对方出现这个动作，就表明你说出来的内容他已经开始感兴趣，并在认真地获取你话里地信息，这是很明确的一个信号。当然，不是所有人在和你谈话时都会有

> 手和下巴，两个不同的人体器官，当它们组合在一起的时候，就会形成一个非常有意思的微反应。

这个动作的，一般只有在一些比较重要，或者是对方觉得比较感兴趣，很关注的话题上才会有这个微小的不自觉的小动作。诚然，如果对方用手托着下巴是在打瞌睡，这就说明你的谈话内容实在太无聊了。配合托下巴的姿势，对方还有可能双眼直视，"直勾勾"地看着你，表现得非常关注，很认真，这两个信号都在说明对方当时的心理状态是单一的在认真听，在关注你的谈话内容，而不是心猿意马，三心二意。

下巴的微反应并不只有这两个。下巴的动作有时在抬高，有时在压低，这也是两个很有特点的关于下巴的细节。抬高的意思很明显，这是一个否定的信号，表明对方开始对你有不认可的态度了。他已经在你的谈话过程中自认为将你的目的了解得很透彻，而且自己认为他已经占据了绝对的优势，掌握了主动权了。

时不时将下巴抬高，并配合不同动作，做出适当调整的人，一般比较

爽朗，直接。这类人不太喜欢玩心眼，很豪爽，爱憎分明，不会强颜欢笑，也不会因为利益问题而去讨好谁。当然，这类人经常会得罪人，但自己还不知道为什么。在他们的世界里你永远看不见献媚的时候，不可能去拍谁的马屁，不会阿谀奉承，同时也对这样的人表示不屑和讨厌。

有的人可能在谈话的时候尽量地压低自己的下巴，这个动作是在说："不要再玩花样了，我都知道了。"这个动作实际表达的意思就是看穿对方的所有把戏。至于是不是真的已经看穿了，其实并不是像他们自己表现的那样肯定。所以这个动作还给了我们另外一个关于这类人的性格信号：这是个自我意识很强的人。

时不时地玩弄自己的头发说明什么性格特点

玩弄自己的头发是一个很女性化的动作，之所以讲是女性化是因为女性常常会有这个小动作，不过有一小部分男性也会有类似的动作，但比例很小。一般来讲，这个动作常常会被认为是一个习惯。

最常见也最典型的玩弄自己头发的情况出现在男女恋爱的初期。这个阶段彼此还不是很了解，对于感情还不是很肯定，女性特有的矜持和内敛这个时候会表现得比较明显。当感到有点害羞，有点紧张的时候就会出现这个动作。这时候你就要注意自己的行为或者是言谈是不是有什么不合适的地方了，或者更为明确地弄明白到底是害羞还是紧张。

玩弄头发看上去一般会很自然，很不经意，因为就连她自己也根本就没有注意到这个问题，不知道自己一直在和自己的头发"过不去"。所以是无心的，没有任何修饰的内心的真实情感的流露。

当然，这个动作并不总是说明她是害羞或者是紧张。因为当她无聊的时候，这个动作也会出现。人在无聊的时候会本能地给自己找点事情做，但是又没有别的什么事情可以干，摸摸头发能在一定程度上缓解这种无聊。比如说你正和自己女朋友聊天，此时并没有什么能让她感到害羞或者是紧张的话题，但她还是在不停地摩挲自己的头发，这时你要格外注意了，很可能她对你们之间的话题非常不感兴趣，或者是感到这种什么事不干的谈话方式非常不适合自己，不适合当下场合，那么你不妨换个话题试试，或者是干脆做点别的事情吧，尽量能缓解这种无聊的场面。

这是一种掩饰性很强的动作，同时也是含义非常多的一个微反应。不是所有女性的这种动作都表明同一个意思。不管是害羞还是紧张，这个动作表明的都是一个意思，你面前的这个女生还是比较在乎的。所以，根据这个判断，我们如果看见很多朋友在一起，平日里非常喜欢热闹的一个女生突然很拘谨，时不时地摆弄着自己的头发，而且自己好像毫不察觉，很可能你们这帮子人里面有她心仪的对象。因为感到很不安，但是又不想让别人发现自己的这个秘密，所以就用这个动作加以掩饰，目的是为了增强自己内心的安全感。有的女孩子一个人无聊的时候，就会有这个动作，而且持续的时间比较长，就连自己都不知道已经摆弄头发很长时间了。

有个词是关于摆弄头发的，叫"搔首弄姿"，专门用来形容女性。这是非常负面的一个评价或者是解释，从某种程度来讲，它有对女性的不尊重或者是蔑视，同时也是一种误解。

一般来讲，女性的这种行为如果表达的想法是害羞时，那么只会在自己心仪的对方面前有这个不经意的动作，一般不会对谁都有，因为这并不是刻意为之的。

我们经常能在电视剧里看见某一个"放荡"女性角色在勾引另外一个男性的时候会在他面前"搔首弄姿"，时不时地摆弄自己的头发，这是为了给对方一个信号："我对你有意思。"但如果这个动作本身被认定为放荡，或者没有教养、轻率，那就是将一些问题焦点化，戏剧化，冲突化，而不是真正的生活场景。生活里，我们见到几个女性朋友去刻意的"勾引"过男性呢？毕竟这是极少数的情况。它表达的意思还是羞怯，内心的喜爱，以及紧张。

有一点需要提醒的是，由于这个是微反应，也就是不经意间流露出来的一个动作，当事人很难知道，只有在事后才能从别人那里了解到。所以女性朋友在面试及一些重要场合时，尽量注意自己的行为动作，最好是不要出现这种经常性的摆弄头发的情况，因为除了害羞之外，这个动作还包含紧张的意思，没有自信，很彷徨无助，这些负面的信息对于个人来说是很不利的。

我们需要明白，摆弄自己的头发多数情况下被认为是一种个人习惯，甚至有些女性会极力否认自己的这个动作包含什么意思，不过这并不影响实际存在的意思，一般它表示的意思有害羞，紧张，不自信，无聊等。

东张西望的几种潜台词

人总是会被自己喜欢的东西所吸引，而对自己不喜欢或者是不感兴趣的事物表示反感，抵制。在谈话的过程中，我们经常会见到一些人东张西望，不能专心地听自己说话，似乎很没有礼貌，也好像很无所谓，但如果轮到对方陈述，他却能表现得很专心，这是为什么呢？

东张西望给我们的第一个感觉就是不专心。在学校里，老师最忌讳学生上课时东张西望，因为这很明显地表示出这个学生没有认真听讲。站在老师的角度看待这个问题，这是很不应该、不能容忍的行为。因为上课专心听讲不但是学习知识，得到更多有效信息，也是对老师劳动的一种尊重。

但是如果站在学生的角度，这个事情就不一定那么让人难以接受了。换个思路来说，如果老师在课堂上讲笑话，那么估计他就不会发现有学生不好好听他说话了。当然了，老师是不可能一直在课堂上讲笑话的，但如果真有这样的老师，那么学生的兴致就会很高，表现出极高的热情。这就是为什么在教课一般内容的时候，有学生会东张西望，心不在焉了。因为他不感兴趣，对这些内容感到厌倦，不愿意多听。

同样，我们在和别人谈话的时候，如果对方表现出类似东张西望的动作，很可能是对你的讲话内容感到厌倦了。不愿意再听下去。但是为了表示对你的尊重，一般不会很直接地对你说："够了，你不要再说，我忍了你好久了！"这是一种很明显的排斥行为。在厌倦和排斥并存的时候，这个反应的典型表现就是不断地东张西望，甚至频率高，时间长。

东张西望是精神分散的一个表现。如果你谈论的内容不能引起对方足够的兴趣，那么对方的注意力就会很自然地分散在其他地方，这是下意识的一种行为。为了表示对别人的尊重，对方一般不会很明显地表示出很明显的不耐烦，相反会尽量地给你一个感觉，你讲的内容我很喜欢听（指非正式场合，不用于正式的会谈或者是协议商谈等）。这既是对别人的一种尊重，也是保护自己的一种措施。

过度的东张西望，你可能要考虑是不是要结束你们之间的谈话，因为对方很可能有事在等着他去做，但又不好意思开口，这时你能及时地结束自己的长篇大论的话，他可能会很感激你，心想："终于可以不用听你唠叨去干自己的事情了。"

而这时的东张西望就不再是无意识的反应了，而是一种有意识、有目的的动作。是在告诉你："赶快结束你的宏论，我还有事呢！"问题是如果这是有目的、有意识的，那么不就不是微反应了吗？为什么还要讲这个现象呢？

并不能这么理解。因为对方故意延长或者是加剧这种动作，是他反应的一种本能诉求，通过加剧这种反应，来传递内心的思想。所以，也是一个微反应的延伸。

总体来看，东张西望是精力分散，注意力不集中的一个表现，也是抵制，不感兴趣的信号。如果碰到这种情况，适时调整谈话内容，改变交谈思路，可能会对你掌控谈话起到积极的推动作用。

不同的揉耳动作有不同的意思

耳朵是人的五官之一，不同的耳朵是不同性格的一种表现。因为耳朵的位置不像眼睛或者鼻子那么显眼，所以多数时候，我们似乎总是忘记了它的存在，只有在听到非常剧烈的动静时才知道自己的耳朵已经受不了了。它就像一个默默工作的老人一样，只是干好自己本分的工作，从来不想要抛头露面，抢风头，争地盘，要面子。

对于耳朵，我们经常会用到的一个词是："竖起耳朵"。这个词是表示对某一件事非常关注。耳朵的功能本来就是为了听力而存在，但是如果你听到一些不利于自己的消息是不是不想接着听下去了呢？比如别人老是在批评你，认为你这个没做好，那个没做好，这时你是不是想捂上自己的耳朵？

相信你肯定想，不过不是在任何情况下你都可以这样做的，如果在大街上，你听到了不想听的噪声，你可以捂住耳朵，而如果在上司的批评面前，你就不能这样做了，而这时，你的耳朵依然经受着刺激，怎么办呢？于是就有了搓揉耳朵的动作。

当然，在耳朵上"实施"不同的动作具有不同的意思。因此，揉耳朵不能一概而论。下面我们逐一地进行分析。

第一，轻摸自己耳朵后面部位。这种情况最常见的是在商场里。如果你是一名导购员，就应该能经常见到这种动作。比如说你是卖衣服的，店里来了一位客人，你向他推荐店里非常不错的一条裤子，但价格很贵，你竭尽全力去推荐这一条裤子说："这条裤子是今年的最新款，颜色鲜艳，质地很好，做工精良，是国际大品牌，如果有任何质量问题，都可以享受三个月的质保，而且最重要的是和您很相配，穿上去一定很好看。"

其实在说这些话的时候，你自己根本就不知道这个人喜欢什么样的裤子，他穿上去到底是什么感觉。你有这样的心理，这个顾客自然也会有的，所以一般他就会对你的这些看法提出质疑。在质疑前，他就会本能地摸自己耳朵后面。之所以要摸摸自己的耳朵后面，是要酝酿观点看法，准备提出反对意见。

重要的是你在和客户谈判的时候，要注意他的这个动作，一旦出现就说明你的观点并没有得到他的认可，他的想法是和你不一致的。

第二，经常性地揉搓耳垂。耳垂这是个敏感的地方，有的人的耳垂不能让别人碰到，一旦碰到就会奇痒难忍。当出现这个动作的时候，就表明当事人非常焦虑，不但挠耳垂是这个意思，耳背也是一样的。

> 耳朵虽小，但作用很大，除了发挥其生理上的作用外，还可以延伸出其心理状态。需要注意的是，不同的动作需区别对待分析，不可一概而论。

李华早上来到办公室，突然发现对面的小吴很不对劲，一直在挠自己的耳朵，把耳垂都搓红了，但他自己好像还无知无觉，仍旧使劲儿地在那挠。

李华觉得很奇怪，小吴平时从来没有做这个动作的习惯，今天是怎么了。所以就到小吴的跟前去看看情况。原来小吴的工作积累了非常多，之前的工作没有完成不说，刚刚接到的一个程序（他们都是计算机程序员）自己一时间怎么都找不到方向，这样一来，真有"前无去路，后有追兵"的感觉。

李华知道了这个问题后就主动帮他搞定目前的这个程序问题，让小吴好有时间集中精力将之前积压的工作尽快清理完毕。有了李华这个救星后，小吴一整天都在埋头干活，再也没有挠过自己的耳背或者耳垂了。

第三，用耳边盖住耳洞。这个动作很奇怪，而表达的意思和双手捂住自己的耳朵实质上是一样的，都是不想听了。在所有的关于耳朵的微反应中，这是最明显，最直接的一种表达厌烦情绪的方式。我们可以试试，用自己的双手捂住自己的耳朵和用耳边将耳朵盖住两个隔音效果相差无几。

第四，掏耳朵。这个动作在人际交往过程中比较少见，因为它表达的意思不友好、不屑！这是一个非常具有挑衅性的动作，不但是对你讲话内容的否定，也是对你本人的一种不尊重。

比如说你正比较有热情的和对方谈论一个项目的未来，但是他听着听着竟然用自己的手指去掏耳朵。当对方出现这种动作，如果你不改变自己的谈话方式，很可能这次谈话就起不到任何作用，无功而返。当然，有时候在谈话的过程中掏耳朵，也有可能是生理上的原因，比如耳朵奇痒无比，但这个动作不会持续时间太长，两者是有一定区别的。

二、个人形象的微反应

每个人都有自己独特的外在形象，不同的形象就像是不同的名片，不同的表情，它表达的是不同的内心活动，不同的阶段特征、性格特征。从形象入手，我们能够得到最直接的第一手微反应资料。

为什么有些人喜欢不断地变形象

不同的形象是不同的人对自己的一种装饰。"衣帽（以貌）取人"早已经流行于社会，当然这不是科学对人对事应该持有的态度。但我们不能因此而否定了个人形象和个人心理的关系。就像是一个人的五官可以从某种程度上反映出这个人的性格底色一样，一个人的外在形象能反映他的内心。

体现一个人形象最常见的就是这个人的穿着打扮。一个人的衣着是给我们留下第一印象很重要的一个方面。而且我们需要客观仔细的去判断，不能因为衣服的价格，就对这个人的各方面进行判定，这是不合理的。价格是衣服的一个方面，而不同的服装风格才是服装的灵魂所在，不同的衣着打扮就是不同的性格特征的外在表现。

通常，喜欢穿单一色调衣服的人性格比较正直，个性刚强，同时也是很理性的一个人；而穿着颜色比较杂的人爱慕虚荣，喜欢炫耀，而且有不少这类人比较张狂，给人飞扬跋扈的感觉；深色调服装的人性格稳重，不喜欢说话，深谋远虑，有城府，计谋多，常给人难以捉摸的感觉；浅色系衣服的人一般比较简单，外向，开朗，喜欢聊天，喜欢结交朋友，同时朋友也比较多。所以不同服装就代表着不同的人，不同的心理。

　　除了服装问题，不同的发型也是形象的一个主要内容。尤其是女性朋友，对自己的头发很爱惜，也很舍得花时间花金钱在这个上面。平时很少能看见她能坐在什么地方安静地待上几个钟头，但为了弄一个流行的发型，即便是几个小时不能动，也在所不惜了。虽说发型受到潮流的影响比较严重，但基本上还是能反映出一个人的性格特征来。

> 　　每个人都有自己独特的形象，这和一个人的内在性格挂钩，过于频繁的改变形象其目的是为了缓解心中的不安，舒缓压力，找到发泄不安的途径。

　　比如，头发往左分的女性比较冷静，适合做领导，很温和，但是非常能赢得同事的信赖；中间分长发的女性有点自恋，感情比较丰富，是那种多愁善感的类型，不甘寂寞；中间分短发的女性理智，务实，但依赖性较强，尤其喜欢被别人夸，是典型的贤妻良母；头发不分缝，这样的女性极度自信，她的自信来源于自己的长相和身材，个性强，是个活跃的积极分子，自我中心，不喜欢埋头苦干……

　　形象就像是一个人的名片，是别人看见你后的第一直观感受，每个人的形象多数情况下会比较固定，起码在短期内不会有很大的改变，这是性格在起作用，所以也不太可能变数很大。如果有人例外，经常改变自己的外型，今天这样，明天那样，今天是非主流，明天又老气横秋，让人百思不得其解，就像是百变星君，不知道他到底在搞什么鬼，也不知道他是怎么想的。事实上，他也不想这样，之所以这样，是因为遇到了太多烦心事，压力事，忧愁事等，这样做可以缓解他内心的种种不安，这些经常改变的服装、发型、鞋子、背包等都可以看做是他转移不安和压力的一个途径。

有句歌词讲"如果真的有一天，爱情理想都实现"，这是再美好不过的事情了，尤其对于年轻人而言，不过前一段时间，小梁就没有那么好运了，先是女朋友和自己分手，理由是没有钱买房，之后没多长时间发生了车祸，虽然不严重，但还是在医院躺了一个多月。

之后上班，很多工作又不能按时保质保量地完成，领导多次找去谈话。这时小梁已经接近崩溃的边缘。

第二天，他的同事们发现了惊喜，之前一向开朗、时髦、阳光的男孩子突然剃了光头，没过多长时间，又带假发，衣服先是从来没穿过的非主流，之后又对某个牌子产生了浓厚的兴趣，反正就一个字：变！

案例中，小梁形象的不断改变，是因为其心中的不安而造成的，这些不安来自生活、工作、爱情等各个方面。

因此，我们可以得出这样的结论，当一个人的形象突然不断发生改变的时候，那么这个人的心理必然发生了一些动荡，我们也可以根据这个反应去了解对方的心理。

喜欢穿"个性"的衣服

每个民族每个国家的着装都不尽相同，比如阿拉伯国家的着装，特点鲜明，色彩一致，一眼就能看出来这是阿拉伯民族。所以服装体现的是一种文化。具体到每一个人，又不尽相同，尽管衣服的样式种类每个人都不一样，但还是能从衣着搭配上看出鲜明的个人特点、性格，所以从这个角度来讲，服装又体现了一个人的思想。

流行时装是时下最多人的选择，就像流行音乐听的人越来越多一样，这是社会发展的趋势，同时也是某一类人的性格体现。虽然流行的东西支持的人很多，接受的人很多，但绝不是所有人都能接受，也不是所有人都对流行的东西都喜欢。

一般来讲，穿衣跟着流行风走的人最显著的特征就是没有主见，这个特点倒是很容易就能让人理解。因为我们知道，流行就是一阵风，过去了就没有了，下一阵风再度刮起，如果不加以思考，可能会让你付出很多东西，比如时间、精力、金钱等。而有主见的人一般不会选择跟风，而是找那些适合自己的东西，只有适合自己的才是最好的。

在衣服上跟随潮流的人一般性情不是很稳定，对于审美观他们的概念就是今年流行什么，什么就是好的，不流行的就是差的，至于美不美，那并不重要，不理解，也不想去理解，这类人还有一个特点，就是很难安分守己。

和上面的情况相反，有的人在选择衣服的时候，显得很有个性，社会上流行什么似乎和他们没有太大的联系，不管是不是流行，他们觉得不重要，重要的是这件衣服是不是自己想要的，如果是，不流行也要穿，而流行的话，也不会因为它是流行服装而抵制，而是按照自己的想法来。

有些人虽没有跟风，但总想个性一点，就容易走进另一个极端，那就是流行什么就不要什么，单找那些不流行的，非要和流行对着干，这其实是一种不自然、叛逆的表现，有点特立独行，这类人永远不知道什么是认同别人的看法观点，总是认为自己是对的，有时候尽管错误就摆在眼前，他仍旧视若无睹，坚持自己的错误。

不随风，也不抗拒，依据自己的喜好选择服装的人动力性非常强，最大的特征是果断，我们很少能看见这类人有犹豫不决的时候。他们如果充当决策者的角色，能很好地做好自己的工作。

有些人，尤其是年轻人在穿衣服的时候，总是希望自己能有点与众不同的东西出来，追求个性。比如说早年的嘻哈服装，牛仔裤上剪个洞等。这些都是为了标新立异。这类人一般不成熟，从年龄上来看大约在十六七岁到二十岁出头，他们最明显的特点是希望得到别人的重视。自我中心很强烈,凡事很难听进去不同的声音。

当然,个性是相对而言的,如果某类服装在某个时期是一种个性,但到了另一个时期,穿的人多了,就不再是个性了。这也可以用鲁迅先生的一句话阐述:"世上本来没有路,走的人多了,就变成了路。"

衣服是塑造形象的一个工具,是一个人的性格外在的表露,是一个地区国家、民族的文化特色,不同的人穿着打扮有不同的倾向,不同的观点、个性化的装束就是个性化性格的体现。

不同的口红不同的女人

口红是女性化妆时的必备装束,一个女人,她可能没有眼影,没有假睫毛,没有其他化妆品,但绝不会没有口红。对于男性而言,如果你问他,你认为女性化妆后最性感的是哪里?绝大多数的回答是嘴唇。

不同的口红体现的是不同女性潜在的性格特征。口红的颜色并不是很多,每一种颜色都有喜爱者、追随者,没有哪一种颜色是没有人要的,也没有哪一种颜色是放之四海而皆准的。这也像是在打扮自己的头发,不同性格的女性将自己的头发做成不同的造型,一方面是受到时尚、潮流的影响,另一方面她自己的发型里面一定蕴藏的有她自己的思想,自己的想法,也就是将她潜在的性格完全暴露出来了,口红也是这样。下面我们根据口红的颜色进行分析。

1. 红色口红

这种颜色的口红在广告中是最常见的,但是我们在生活中是很少见的。不信你可以留意下自己周边的女性朋友,看看她们涂大红色口红的概率高不高。红色是一种很抢眼的颜色。涂上这种颜色的口红,意在强调自己的嘴唇,而一个女性的嘴唇对男性来讲是最性感的一个部位,所以如果对自己稍微缺少点自信，就不会使用这种大红色的产品。使用这种颜色的口红的女性，一般比较成熟，有很丰富的社会交往经验，对自己充满自信，很自我。

2. 粉红口红

粉红是很常见的一种颜色，它的含义是表现女性的纯洁与可爱，是简单的一种象征，很多女孩子第一次和男生出去约会都会用这种颜色的口红，体现的是当时一个恋爱的心理。也是体现自己美好一面的说明。

粉红色系的口红分为不同的小类别，比如说淡一点的粉红色和鲜亮的比起来给人感觉就是两回事了。前一种是淡淡的，很清纯的感觉，此时的女性一般很害羞，多是第一次见面，和男性打交道的经验不多，同时社会经验也很少，较温顺。鲜亮颜色的女性一般很爱玩，有时候给人感觉有点疯，无所顾忌，比较有个性，很在乎自己的感受，而不是别人的感受。

3. 橘色口红

这个颜色可以归为最中庸的一种颜色。因为这种颜色既没有粉红色的轻浮，也没有大红色的热烈，这是很常见的一种平和而中庸的自我点缀。一般喜欢这种颜色口红的女性有非常好的自控能力，这一点是难能可贵的，如果在上班她们能将自己的工作做得不错，虽然不是很出彩，但也能认认真真地完成交代过的任务，在恋爱的过程中，如果男性需要的话，她们多半会牺牲自己来为男性奉献，所以她们一般会是很好的妻子和母亲。但前提是男性不能做出背叛的举动，一旦出现类似的情况不是三下五除二就能解决的。

4. 褐色口红

这是一种给人感觉很安详的口红，喜欢这种颜色口红的女性一个不小心就走到了理想主义的深渊中不能自拔，因为她们对自己的各方面都感到很满意，很自信。她们不但喜欢化妆，而且善于化妆，对于流行的东西永远是最敏感的，别人还没有反应过来，她们已经站在时尚的最前沿了。这类女性一般对待金钱、爱情、物质，都非常冷静，一般不会感情冲动，对于男性要求较高，因为对自己太过自信，所以就像刚刚讲过的那样，一不小心就会变成不顾实际的理想主义者。

5. 紫色口红

紫色是一种显示自我的色调，浓妆艳抹的就是这类女性朋友。不管是发型还是服装，她们的要求不是好看，而是能吸引别人的眼球。这类女性最害怕平淡无奇的生活，她们很希望能按照自己的想法去过自己的生活，属于比较自我的类型，这类女性对男性来讲很有吸引力，女性魅力很显著，但是并不容易接近，而且这个类型的女性多数是女权主义者，不但要求自己的另一半不能有男权思想，还要对方跟着自己的步子走。

6. 珍珠色口红

喜欢这种颜色口红的女性一般很热情，即便是不表现出来，她们在心里其实是很有主见的，这类女性有很强烈的冒险精神，希望按照自己的意愿和想法去过自己的生活。

不同颜色的口红是不同类型女性的说明书，每种颜色背后，都有说不完的故事。不管是红色的热烈，还是紫色的奔放，或是橘色的中庸，每一种色系都是一张张脸谱，一个个鲜活的性格就这样生动而妩媚地展现在我们面前。

三、无意识的小动作出卖你

微反应的特点之一就是无意识。只有不经过大脑加工的东西才能当做是真实的信息来源，无意识的小动作就是这些没有经过任何加工，也没有附带思想内心真实想法的体现。通过这些动作，我们能将对方内心的动机解读出来，得到最真实或者是最接近真实情况的答案。

摆出"V"形手势照相的意义

拍照时为了尽量能让自己看起来与平时不同，被拍的人都希望能摆出一个姿势，目的很简单，就是希望自己看起来更好看，形象更好。

那么，到底摆出什么样的姿势呢？有时候也是大伤脑筋的事情，尤其在与多人拍照的时候，不是拍照者不满意，就是自己不满意，要么就是身边的人说挡住他了，还真是个难事。

不过，丘吉尔为我们解决了这个难题，"二战"中，他为了表示胜利，在面对英国群众时摆出了一个 V 形的手势。这个"V"在英语里是胜利的第一个字母，他想说的是我们胜利了。

因为这个手势很经典，也很简单，最重要的是它出现的时间很有意义。尤其是对很多经历过苦难的人来讲都是很期望这样的结果的。当时，丘吉尔的这个胜利的手势也给英国人传达了一个信息——战争结束了！

　　其实，对于这个 V 形的手势还有很多的说法。有人说很早之前，英法百年战争的时候这个手势就开始有了，是丘吉尔将它普及化了。不管是哪一种说法，今天，这个手势给我们的感觉就是很酷，是胜利的意思。

　　V 形手势带来的正面的意义，是它为什么能传播的这么快、这么广的一个原因。对照相而言，其实很多时候它的作用并不在于它是正面意义，还是负面意义，它解决了一个难题：摆什么姿势！

　　现在我们不用多想，摆出 V 形就行了。因为大家都是这么做的，所以对我们而言，就不用在那么短的时间内还去考虑姿势的问题，只要摆好，定住就可以了。而如果将这个手势本身的意义拿出来证明摆出这个手势的人是什么心理，似乎是不合理的。因为不可能每个人每次照相的时候都是处在胜利者的位置上，所以，大多数人摆出这种手势照相只不过是一种从众心理。

　　如果我们翻翻自己以前的照片，是不是能发现自己很多姿势用的都是这一个呢？如果是，那么，你在照相摆这个姿势的时候，大多并没有想太多，在你心中也没有什么特殊的含义，摆出这个手势只是为了——从众！因为我们不想让自己在人群看起来怪怪的，以至于别人都不愿意接纳自己，所以就会尝试着学习和别人相处，看别人在怎么做，然后自己再按

> 　　摆出什么样的姿势照相本来没有一定的标准，但是自从有了 V 形手势，就有了不成文的标准，使它成为了一个微反应，表明了人的从众心理和接受新事物方面的特点。

照这个模式去做。这是人类的本能，毕竟人际交往，是人类最基本的需要之一。所以，如果在照相的时候，大家都摆出了这个手势，相信你也会受到影响。

　　还有一些人用这个手势表达的并不是其原始的意义，比如当今我们在网络上会看到很多年轻女性的相片会用到这个姿势，如果她们不知道这个手势的真正含义，那么她们所表达的只是一种兴奋之情，表示当时内心很

激动以及高兴。而且在以后的拍照中，会不经意地摆出这个手势，这就是一种潜意识。

通常，摆出这种手势照相的人首先说明他能接受新事物，不封闭，性格一般都是外向型的，如果是年轻人一般很开朗，活泼。不过这类人从众心理很浓厚，缺乏必要的主见（当然丘吉尔不缺乏主见，那个时候这个手势还没有流行，他可以看做是"教主"），在需要作出决定的问题上可能会有犹豫不决的情况出现。同时，他们很能调动其他人的积极性，对于活跃气氛有自己的一套。

吐舌头代表什么

多数情况下，吐舌头是年轻女孩子的一个动作，这代表什么意思呢？也许是调皮，也许是为了惹对方生气……

舌头是人一个比较内在的器官，主要功能是用来品尝食物的味道。如果没有了舌头，人类的生活就淡了很多，没有了山珍海味的吸引，真的能"淡出鸟来"。

一般情况下，这不是一个富有恶意的反应。微反应的核心原理是能够通过一些细小的动作将对方的真实心理反映出来，吐舌头的反应表达的意思大概有以下几点。

第一个是不安和愧疚。这个心理反应并不是很常见。只有在一些很特殊的场合下才会有这个心理反应。

赵岳华有一个表妹和他是一届的学生，并在一个班，高中毕业后她没能考上大学而赵岳华考上了。大学毕业后的赵岳华在离家不是很远的城市找了份工作，干得不错。表妹因为没有考上大学，所以就早早地走进了社会。

其实在赵岳华看来,表妹这几年没有上学,尽早开始工作可能反倒是好事,自己虽然是大学毕业了,现在的情况并不是很好,一时半会儿也很难找到很好的门路,所以他认为表妹应该是不错的。不过他也知道,想让这个女孩子好好工作,不是一件简单的事,当时在高中上学的时候她就很爱玩,现在不知道还是不是这样。

一天周末,赵岳华经过一家网吧的门口,看见有人围在一起,看那架势好像是出了什么事。赵岳华自己也没有什么事情,就往人堆里凑。这一看不要紧,自己的表妹竟然和另外一个女孩子两个人正和一个男人打架呢,看样子,那个女孩和自己表妹是一头的。

赵岳华看见这种情况怎么能不理睬。二话不说上去就把她拉开了,拉的时候他表妹因为没有看清楚是谁,嘴里还骂骂咧咧的,事情的起因是自己表妹在这家网吧上网两个月,欠了很多钱了,以前觉得和老板关系不错,但也架不住欠的钱多,所以就由争吵升级为肢体冲突。

赵岳华把事情完结之后就带着他表妹吃饭,问她为什么会有这样的事情发生……

她的反应是吐出舌头,长长"咦——"了一声。

在这个案例中,吐舌头是一种典型不安情绪的表现。这时候对于赵岳华的表妹而言,所有的解释都是多余的,事实已经摆在眼前,还能说什么呢!想瞒是瞒不住的,尤其表哥还曾经和自己一个班。无奈之下只能吐了吐舌头,强装轻松,用来掩饰自己内心的极度不安,还有愧疚。

这个不安是来自对事情过后的影响问题,她的所作所为家里是不知道的,如果表哥将这件事情和自己父母讲了,他们该有多伤心,自己往后的日子该怎么过呢?所以一个事情,两种心理都有了,即便是表哥请客吃饭,这顿饭也不是那么好吃的。

第二个心理就是轻松的调皮反应。这是真正的轻松。一般情况下,当我们面对一个自己感到非常体贴,非常有安全感,血缘关系很近,或者是平素私交甚笃的某个人时，即便我们做了一些错事（当然只是些小事），也不会有什么心理压力，因为我们知道对方是爱护自己的，不会有任何问题，反而可能会因为这个小小的错误而给自己更大的帮助或者得到更多的关爱，所以自己是完全轻松的，没有任何压力。

第三个意思是害羞。这种情况很容易就能判断出来。因为彼此的谈话内容说到了可能是比较敏感的话题，比如说"你昨天和谁在一起逛街啊"这样的问题，那么这时候的吐舌头就是说明有点羞涩，不好意思。

第四个是得意或者是鄙视。得意的情况多见于谈对方的一些出彩的地方时，这时吐吐舌头就表明自己很高兴，对别人的夸奖很受用，很坦诚地接受了对方的夸奖，不过不是自鸣得意的那种，而是很恰当的一种表达自己内心喜悦的感情。鄙视就更简单了，你在她跟前吹嘘自己，这时候就会出现一个很灿烂的笑容，接着吐吐舌头，如果不能明白这个场合，还以为她在替你高兴呢，事实上，内心的真实想法是：你真不害臊！

总之，吐舌头一般见于女性，是一个很女性化的微反应。表达的意思在不同的场合下有不同的解读，所以场合很重要，不然就会犯大错的哦。

总是"喜欢"给别人敬酒

酒桌上敬酒是一个很礼貌的行为。尤其是东家，如果不敬酒，菜做得即使再好，很可能也会得罪人，吃力不讨好。在酒桌上给别人敬酒既是一种客气的表现，又是作为主人翁态度的表现。如果你到别人家里做客，反过来拿着酒瓶子挨个给别人敬酒，不了解内情的还以为你是这家的主人。

只要往酒桌上一坐，一般来讲，留意观察下每个人的不同表情，他们的一些很细微的动作，即是他们的微反应。这时你会发现很多人和平时不太一样，要么是在"等待"被别人灌酒，知道这是在所难免的，要么是在找时机,趁早走掉的好,要么就是一个劲儿地催促上饭。

这些人有一个共同的特征就是如果能少喝两口,就尽量少喝,或者是不喝。但是有一类人除外,这类人似乎很热情,尽管不是在自己家里,但好像他把别人的家当成是自己家了。他们很喜欢在酒桌上劝别人喝酒,如果不喝,他会想尽一切办法让对方喝,哪怕是让整桌人都在等他的敬酒行为也在所不惜。

为什么这类人喜欢给别人敬酒呢?热情?还是另有原因?

首先,我们分情况来分析,如果是在自己家里,这可能是一种热情好客的行为动作。但如果是在别人家,首先说明此人有主人翁意识,当然也是善于交际的一种表现。

在酒桌上,如果你仔细看下这类人,注意他的言行举止,你会发现他讲出来的话,一般自己很少承认是错的,或者压根他就不知道自己还会错。

而且他敬别人酒,是尊重对方的表现,如果要拒绝,那是需要学问需要经验的,而且他既然能端出来,就不想再收回去了。敬酒的次数多,和人结识的机会就多,这也是为什么他会这么殷勤向别人敬酒的原因之一。

他们一般很喜好交往,表面上看朋友很多,但实际上也就限于酒桌上的那一层浅浅的关系,交心朋友较少。为什么自己认识那么多人,总是没有能交心的呢?

其主要问题就在于自己认识的人太多,或者说在他的朋友圈里什么人都有,没有人主动与其深交,所以导致了喜欢交朋友,但是朋友没几个的情况。当然,这种情况不是他有意为之的,但却出乎自己的意料之外。

他们一般有很强的表现欲望,也很自信,这种自信并不是来自于对自己能力或者是来自与身边人的评价,而是因为他们自我意识强,经常以自我为中心,很难听进别人的意见。

但这个特点表现得并不是那么明显。因为如果你看见他,他总是一副笑呵呵的样子,但是如果你仔细观察下他的笑容就会发现,那是一种典型的不屑,嘴角微微上扬,很神气,很有底气。

43

对于那些喜欢敬酒的人，一般别人都是敬而远之的，这类人热情，却心机较重，但都是小聪明，自我中心，老是认为别人看不透自己，不过待人热情。

走在路上的人们……

日常行为方式反映的是我们最真实的性格特征。所有的日常行为都可以看做是载体，性格就通过这些载体一一体现在我们身上，仔细观察，并留心研究，就能发现其中的奥妙所在。

看似平常的走路，也能体现一个人的性格特征。尽管走路很常见，也是每个人都会做的一种行为，但每个人的方式都有所不同，不管大小，都不会完全一致。这些不同就是因为有个人的性格因素在里面。下面我们对人们走路时的姿势进行逐一的分析。

第一，有的人走路非常快，并不是因为他有很急的事情等着去办，而是一种习惯，平时就是这样的。

这种走路习惯的人，一般他们的五根手指伸的笔直（走路的时候）。他们最典型的特征是非常严肃，平时不大喜欢开玩笑。对待事情认真负责，言出必行是他们的标签。如果是他们承诺过的事情，一般你不用担心他会完不成，到了指定的日期，你就等着结果就可以了。只要是这类人认准了的目标，就一定会想尽一切办法达成。不管付出什么样的努力，都在所不惜。所以他们是很典型的事业型的人。

这类人纪律性很高，不管是工作还是学习，你都很少能看见他们有不守规矩的时候。他们认为既然纪律已经规定，而且是针对大家的，就应该想办法遵守，而不是去挑剔规矩本身的毛病。不管是工作还是学习，他们对自己的要求很高，也很严，不过，不单单是对自己，对别人也是一样，他们希望别人也能按照自己的标准来。所以有时和这类人相处,会有很大的压力,如果恰好你是个懒散的人,那么这个感觉就会更加强烈。

成熟稳重是他们最好的说明。当然这种性格看用在什么地方,如果是工作,问题不大;如果用在感情方面,就显得过于死板,而且给对方的印象可能是没有生活情趣。

第二,走路速度适中,手很自然地握成拳头状。这种人是比较典型的实用主义者,你不要和他谈论任何有关纯粹理论的东西,他们不爱听,行动快速,讲求实际效果是他们的一贯风格。他们一般能做到当日事当日毕。这种状态很多人都很难做到,但是对他们而言并不是什么难事。拖泥带水的人永远和他们不能站在一个阵营。

这类人还有一个很突出的特点,正义感强。而且这种正义感不仅仅是来自心里,一旦碰到了不公平的事情,他们一般会站出来直接表达自己的看法,而不是像绝大多数人那样,只是在背后小声地嘀咕几句。他们敢于仗义执言,无所畏惧,有时有点英雄的感觉。这种人的人格魅力很大,在人群中是很受欢迎的类型。

不过,他们的朋友并不多,虽然能得到一般人的认可和喜爱,并不能在朋友那里起到太大的作用。这类人在感情方面也很直接,讲求效率,他们会很直接地向对方表达自己心中的爱意,即便是在谈情说爱的时候,也会有一种豪气逼人的感觉。不过这种方法显然已经很古老,而且没有花样可言,他们自己也不是很喜欢花样。在感情中,他们的理性多于感性,属于非常冷静客观地对待感情的人。

第三,走路时将一只手或者是两只手放进口袋。站在大街边上,停留五分钟你就会发现有不少人走路时是这种姿势。这种走路的姿势从表面上看有点洒脱不羁的感觉,显得很轻松自在,不过内心世界和表面的感觉是截然相反的两回事。

走进内心,他们是多愁善感的人,既不洒脱也不轻松。他们一般很向往风花雪月的感情,一生之中也不缺乏这种感情生活,在他们的内心深处对感情有很强烈的渴望,同时他们对感情的认识也比一般人更为深刻,可以说他们是那种既重视感情又很懂感情的人。

在现实生活中，他们会将自己装扮成很潇洒的样子，而且时不时地会流露出一些抑郁的气质。因为有了潇洒的外在气质，同时又带有一点抑郁，因此这种表现对异性有很强烈的吸引力。不过，他们一般是很感性的人，不管是男还是女，都属于感性多于理性的类型，尤其是在感情的问题上。所以有时候会有总也长不大的感觉。

第四，走路的速度比较慢，五根手指微微弯曲。这种人在朋友圈子里非常受欢迎。因为他们是典型的严于律己，宽以待人的人。对待自己高标准，严要求，但对于朋友、亲人、熟人有很好的包容和理解。因为这种对待身边朋友的态度，有时候会显得他们很懦弱，缺乏主见。

其实如果你留心观察下，他们的这些宽容、理解多数都体现在一些无关紧要的事情上，如果碰到了原则性问题，他们的主见就显得很强势，一般不会妥协。他们有自己的思想，只是平时不会表露出来，是很典型的有事放在心里的类型。这种人是能成大事的一类。在感情方面，他们向往和追求的是长久稳定的关系，对精神的追求多于物质，很专一。

除了以上四种比较典型的走路类型外，还有些比较有个人色彩的走路方式，比如有的人走路喜欢大踏步往前走，就像是在走正步一样，这类人身体素质很好，心地善良，不过比较顽固，好胜心强。

有的人走路一点精神都没有，就像大病在身的样子，尽管他们的身体很好，也很强壮，这类人的精神素质不好，抗打击能力比较差，一旦出现有压力的事情，很容易就会崩溃；步伐凌乱的人神经不是很正常，属于背叛型的人格，对于师长经常会做出一些对抗甚至危害他们的事情。

走路时身体往前倾的人比较悲观，生活中不如意的事情很多，等等。

一个人的走路姿势也能体现性格以及彼时彼刻的心情，即便我们对这些理论可能并不是很了解，如果感觉对方的脚步很沉重，就大概能知道是碰到了烦心事，或者是解不开的心结。因此，人生的路在自己的脚下，内心的性格也在你的脚下。

第 3 章

商务与职场的心理解密:

通过动作看透他人的内心

如果能透过别人的一些细节动作读懂他的内心,那么你就能在未来的职业生涯中如鱼得水,如虎添翼,给自己的人生大厦添砖加瓦。

透视动作解密图例

日常生活中缺不了人际交往，在职场、商场中和人打交道的频率就更高，但世事复杂，人心难测，往往因为对人的判断失误而酿成大错。对此，如果能透过别人的一些细节动作读懂他的内心，那么就会在未来的职场中如鱼得水，如虎添翼，给自己的人生大厦添砖加瓦。

1. 不同的人，从打电话时所做出的不同反应，往往能窥见出他们不同的性格差异。

心理解密：边打电话边记录要点，这种人考虑周全，有条理性；边打电话边做琐碎的事，富有进取心，珍惜时间；另有的人打电话时，不喜欢站着或坐着，而是喜欢走来走去，这种人讨厌生硬刻板的东西，但做事情缺乏耐心、容易急躁。

2. 同样的内容，不同的人来讲，表述方式千差万别。这就是说话的人不同的性格所起的作用。

心理解密：说话直接的人，思想较简单，不会拐弯抹角，对人热心、诚恳；说话含蓄的人，较敏感，性情多疑；说话幽默的人，性格外向，善于调节气氛。

3. 有的人说话时喜欢咬自己的手，或者是不停地咬自己的指甲，这也是一种特有的心理反应。

心理解密：说话时喜欢咬自己的手，或咬自己的指甲，这类人比较感性，容易动怒也容易伤感，理性思维较差，耐性不好。

4. 抖腿是一个十分常见的动作，很可能是心理或行为上的一种习惯。但在商务谈判中有时它也是一种策略或战术。

心理解密：连续而不经意的抖腿动作，会扰乱对手的视觉和心智；另一方面还可以缓解自我的心理紧张、焦虑、不安、狂躁等情绪。

一、读懂身边的同事

同事是我们在工作中最经常打交道的一类人,有人说老板不能得罪,领导不能得罪,同事更加不能得罪,因为害你的人往往是你身边的人。尽管这话有些悲观,但画龙画虎难画骨,知人知面不知心,所谓害人之心不可有,防人之心不可无,了解同事,读懂他们的内心对保护我们自己,建立和谐的工作关系大有裨益。

通过接听电话读懂同事性格

同在一个办公室工作,同事的一举一动都在自己的观察范围之内,留心观察就可以发现很多细节,从而帮助我们了解身边的同事。比如他们的性格特征,兴趣取向,情绪状态,等等。而且,单从接听电话时所做出的不同反应,就能看出同事们性格里的差异性。

电话总是免不了要接听的,通常通话时注意力都集中在通话的问题上,所以,身体上的一些微小动作是很真实的自然流露,没有经过大脑的加工处理,就不用担心我们得到的会是虚假信息。

一般来讲,打电话和接听电话时虽然每个人的表现反应不尽相同,但经过总结、归纳,我们还是发现了其中的一些共同点,这些共同点分属于不同的类型。我们可以对照这些类型,看看你的同事都是什么样的反应,他们又是怎样的性格。

第一种，打电话时手边就有准备好的便条，一边打电话，一边记录要点。

相信你看见这位同事也会禁不住对他的心思缜密，考虑周全感到赞叹。这种人做事非常有条理性，对事有很周全的思考，真正做到了事情还没有开始办，就已经有了相当的胜算。这种人对待工作一丝不苟，不但对自己的工作要求很严格，即便是生活也是如此，他们是严谨的人，即便是最小的细节，也不会轻易放过，认真敬业。敷衍了事不是他们的作风。

所以，这类人能出色地将自己的工作做好，是非常好的员工，也是很好的领导和同事。他们不但能将自己的工作做好，也会给你提供一些必要的建议，对你的帮助很大。如果在单位你碰上了这样一位同事，要好好珍惜，从他们身上学习自己不足的地方。

不过他们虽然能将工作安排得井井有条，丝丝入扣，但是面对突发事件，就显得力不从心，不知道从什么地方下手了，非常不适应处理那些没有预先做好安排的事情。

第二种，一边打电话，一边信手涂鸦。

这类人比较常见，他们在打电话的时候总是有一句无一句地在聊，可能自己根本就不知道在说什么内容，也不知道对方在说什么，纯粹就是为了打电话而打电话，没有中心，没有重点，一副无所谓的样子。这也是打电话经常能看到的一些场景。如果出现这种情况，说明他这时极度无聊，手头的工作可能已经结束，没有什么事情可干，讲电话就是为了消磨时间。这种情况能反映一时的心情，并不能说明这个人的性格，因为这种情况从理论上来讲，每个人都有发生的可能。

第三种，讲电话的时候，突然起身找便笺，记录重要内容。

有可能自己身边没有，于是可能会说："你稍等一下啊……"这种人做事不拘于常理，经常会有些新奇的观点。他们做事没有条理性，想到哪里做到哪里，如果进行不下去了，停下来想想，解决暂时的问题后就会继续这种状态，没有一点计划可言。

不过，他们是典型的行动派，不喜欢耍嘴皮子，灵活性很强，懂得随机应变，在面对一些突发事件的时候，他们的优势就显示出来了。

这种人在日常生活中，情绪起伏很大，显得不够稳重、成熟，做事草率。

第四，讲电话时动作频繁。

他们在打电话的时候，总是不经意间做一些自己都不知道的动作，这些动作完全没有经过自己的大脑思考，就做出来了。这些动作有可能贯穿于整个电话过程中，这些动作有很强烈的个人感情色彩，即便是不听他讲话的内容，单从这些动作就能知道个大概。

所以，他们是很真实的一类人，不会伪装自己，待人真诚，不会说谎，属于那种有一说一，有二说二的直肠子。他们的人生态度很积极，即便是碰到了很不开心的事，也不会对自己的心情有过大的打击，乐观，向上。总体来讲，这类人是正直的代表，觉得应该讲真话的时候，不会退缩。

第五种，打电话时不知道该把自己的手放在哪儿。

这是非常特殊的一种情况。这个时候，有可能他对电话的内容感到很不安，紧张，不适应。而且这种状况是自己没有预料的，一点心理准备都没有。为了缓解这种紧张或者是不安的情绪，自己的手就会做出各种动作，但每种动作好像都不足以让自己更舒适。最典型的表现是手在自己的面前做出各种不同的动作，表达的意思或者是解释，或者是对抗，或者是愤怒，或者是无奈，等等。

也有些人讲电话时，如果碰到了类似的情况会用手指敲桌子，表面看上去很镇静，若无其事，其实内心极度不安、紧张，之所以会有这个动作，完全是为了转移自己的注意力，让自己不是那么难受，同时也是为了不让别人看出自己此时的内心状态。

第六种，一边打电话，一边做其他事情。

他们要么是在整理自己手边的材料，要么是在做其他的一些毫不相干的事情。好像是在讲电话，也好像是在很认真地做自己手头的事。通话过程非常不专心，有时候可能因为过于专心自己手头的事情，会不知道对方在讲些什么，然后就说："啊，你说什么，我没听清……"其实并不是没有听清，而是没有认真用心听。

这类人做事不专心，不单单表现在讲电话上，做其他事也是一样。有时别的同事可能会出于好意给出提醒，但均没有效果，他自己也没有在意。所以，如果要改变自己这种三心二意的做事风格，还需要内在的深刻认识。

讲电话是现代人处理生活的一种惯常动作，在打电话的过程中，每个人都会有一些很有个性的动作、细节，这些细节就是讲电话时的微反应，这些微反应给我们认识这个人的性格提供了真实的材料，认真加以辨别，不难发现他的性格特点来。

说自己忙的人是真的忙吗

如果你的一个熟人，突然打电话来，问你现在是不是有空，你会怎么说呢？相信大多数人都不会直面回答这个问题，而是问对方有什么事情。而这样说的目的在于给自己一个缓冲，如果对方真的有事情，而且有点麻烦的话，你就可以告诉他，"实在不好意思，我没空"。如果不是很麻烦，举手之劳，而你现在恰好又没有什么事情，可能就会说，"嗯，没有问题"。

这是很普遍的一种说法，既不会拒人于千里之外，又能给自己留下余地。但是有的人不一样，你给他打电话的时候，他总是说自己很忙，好像24小时都有事情，好像从来没有闲下来的时候。

一天，赵超和他的一个朋友阿涛在一起喝酒，谈天说地。突然阿涛的

电话响了起来，说了几句之后，阿涛说："对不起我很忙，真的很忙，恐怕没有时间了。周末这两天我都没有时间。"

赵超觉得可能是自己和朋友在一起喝酒，耽误了他的正事，于是就对阿涛说："如果你有事，赶紧去办事吧，我拉你在一起喝酒，也是看你没有什么事情，所以就聚聚了。不过还是正事要紧。你忙你的吧！"

阿涛对赵超说："没事，我们喝我们的，都是小事，不用管，没事的。"

因为两个人的关系非常不错，所以就经常见面，有时候两个人的朋友也会聚在一起，彼此认识下，多交两个朋友。

赵超发现，阿涛和以前相比，有个很明显的变化，不管对谁，他总是喜欢说自己很忙，近来就连和赵超都说过类似的话。但是赵超对阿涛的生活还是很了解，每天他干些什么不能说了如指掌，也能知道个八九不离十，事实并没有像他自己讲得那么忙。每天下班后，基本上就没有什么事情了。

赵超感到很奇怪，为什么他这样说呢，他觉得很不理解。

一次，阿涛打电话时又和对方说"我很忙"的时候，赵超就一直看着他。电话挂断后，阿涛问："你为什么这样看着我啊？"

赵超就说："我最近一直很好奇，你为什么总是说自己很忙，即便你一点事情也没有，都说自己忙，连和我都这样说。你每天干什么事，是不是忙，我还能不知道？你为什么老是这样说呢？"

阿涛神秘地一笑说："原来是因为这个啊，你不知道了吧，现在如果不说自己很忙，就落伍了，现在谁没有点大事小情的，如果整天没事干，不显得很无能吗，无所事事。说自己忙，才能显示出自己的重要性，同时，也是告诉对方一个信息，自己各方面的能力正在得到全面的提升，自己这只股票很快就要升值了。你看看那些有成就的人，即便不在工作，也没有几个闲着的。是不是？就是这个道理！"

"可你现在一点儿都不忙。"赵超毫不以为意地对他说。

上面例子中阿涛的说辞只是他个人的一种很不成熟的看法,并不能代表所有人的心态。不过这也从另一个侧面给了我们一个信号:老是说自己很忙的人,未必真的很忙,也可能是很闲。

对于有些人而言,嘴上说"我很忙"只是为了要传达一个信号,并不是在说明一个事实。不同的人说出这句话,代表了不同的意思,不同的心理。总体来看,这是一种拒绝的态度。依据每个人的具体情况不同,应该分开来看。

首先,有些人的确是很忙,平时除了工作之外还有不少的事情等着处理。但是他们一般不会强调这一点,不会老是说自己很忙,没有时间。

其次,嘴上很忙,其实一点都不忙。这种人就像是上文中的阿涛一样,每天的工作量就那么多。平时有不少的剩余时间,不过对外宣称是"自己一直很忙",这是典型的伪装自己的表现。

这类人最明显的特征是急功近利。他们很希望能获得别人的认可,也很想在事业上取得一定的成就,但是目前的实际情况是还没有达到自己心目中的理想状况。好高骛远是他们的另一个特点,做事很难脚踏实地,爱幻想未来,就是不知道现在开始努力。他们一直在和别人强调自己如何如何忙,是想从这种虚假的状态中得到心理上的安慰与满足。因为这种那种的忙,在他们看来是很有成就感的一种状态,是很让人尊敬的一个生活模式。所以就会幻想自己也是这种人。

从消极的角度来讲,老是嘴上说自己很忙的人是自欺欺人,纸上谈兵是他们一贯的作风,说起来头头是道,做起来一塌糊涂,或者干脆就只是停留在想和说上,而从不愿意将自己的想法落实到行动中去。缺乏耐性和韧劲,做事虎头蛇尾,有始无终。

如果从积极的角度来看,这种人有很强烈的进取精神,他们不满于现状,改变现状的愿望很迫切,性格开朗,善于交际,能在一般人不知道如何入手的场合中做到左右逢源,可谓是八面玲珑。如果实践精神再好一点,多坚持不要轻易放弃,这类人还是很容易取得自己想要的成就的。

看清一个人的内心世界,他的语言只是参考的一个很小的方面,更多的信息要靠我们从微反应的角度来分析，而不是听他讲了些什么。比如说嘴上老是说自己很忙，但其实在和朋友喝酒。

不同的说话方式，不同的人生

由于每个人的性格不同，所以每个人的说话方式也不尽相同，有的人激进；有的人内敛；有的人直接，单刀直入；有的人婉转，迂回曲折。不同的说话方式反映出一个人的学识、气度、品位，还有性格。不同层次的人，说话方式不同，不同性别的人说话方式当然也不同。

同样的内容，不同的人来讲，表述方式千差万别。这就是说话的人他们的性格在起作用。下面我们根据讲话方式来读其人。

第一种：直接明了型。

他们会很直白地将心里想的东西完全表达出来，不做任何保留，想到什么说什么，想到哪里就说到哪里，就是通常所说的口快心直。这种人胜在坦诚，胸无城府，从来不会拐弯抹角，语言朴实无华。一般这类人的思想比较简单，直来直去，对人很热心、诚恳，尤其是对朋友，真挚、诚实。

所以他们是很值得交往的一类人，单位里如果有这样的人，可以考虑和他结为不错的朋友。必要的时候，他们会给你无私的帮助。当然，和他们交朋友，并不是为了要得到他们的这些帮助，不过在你有困难的时候，他们不会袖手旁观，当做没看见的，这种事情他们做不出来。

第二种：委婉含蓄型。

这种类型恰好与上一种形成鲜明的对比。他们从来不会非常直接地说出自己的看法。即便是要表达观点的时候也会尽量用含蓄的方式来说明，而不是直截了当用类似"我赞成"或者是"我反对"这样的方式。用这种说话方式的人，一般很敏感，不容易相信别人，性情多疑，感情很细腻。他们给自己包裹了一层又一层的武装，就是为了不让别人看透自己的内心世界。

所以，即便是他们最好的朋友，也很难听到他们内心的声音。他们在和你说话的时候，一直在注视着对方的心理变化，感情变化，他很想知道自己的这些话对你产生了怎样的影响，然后就根据你的变化，适时地调整自己的说话内容，好恶倾向。他们

> 一个人的说话方式并不是先天来的，而是在后天的不断学习、磨炼中形成的，带有明显的个人性格色彩。

一直在审视，一直在权衡，在拿捏说话的分寸，他们也认为自己能做得到。

因此，鉴于他们的这种个性，和他们说话或者打交道的时候，你会很明显地感觉他不是个坦诚的人，不真实。这种人内心充满了矛盾，因为他们的心里装了太多的秘密，到处都是，而且不愿意和任何人分享，所以就会给自己带来很大的精神负担。因此，他们看上去总是一副心事重重的样子。

第三种：喜好幽默型。

每个单位都会有那么一个人，经常给大家带来欢声笑语。他们很喜欢逗别人开心，经常讲一些笑话，做一些比较夸张的肢体动作来逗大家开心，诙谐、幽默。曾经有人说，幽默是智慧的象征。这种语言风格对于提升一个人的社交能力，改善人际交往关系，增加个人魅力都有很重要的作用，能为你在别人面前的增加不少的印象分。

这种人很开朗，典型的外向型人格，很聪明、灵光，他们经常是大家瞩目的焦点，只要有他在的场合，你就不用担心会冷场，他们很善于调节气氛。这样的同事也是很值得交往的一个类型，他们会是不错的朋友，因为在他们那里，你将感受到一个完全不同的人生。

第四种：循规蹈矩型。

这种人说话、发言一板一眼。如果他在台上发言，只是一味地照稿子

念，不会说自己的看法。即便是平时的聊天，也是教科书，没有一点生机和活力。他们为人做事很有分寸，度能拿捏得非常好，该讲的讲，该做的做，分内的事情不含糊，不是自己的责任，他们也不会负责。这种人性格呆板，固执，很难听得进别人的意见，经常被当做是单位的"杀手"，因为他们总是不那么通情达理。

如果你新到一个单位去，听出了某个人说话就像是在背教科书一样的话，尽量不要和他开玩笑，因为他就是那个"杀手"。

第五种：喋喋不休型。

能说是他们的最好武器，也是最让人头疼的一个特点。说话快就像是机关枪；讲得多，滔滔不绝，如长江之水，一发不可收拾。这种人有两种极端。

其一，装博学。他们知道的名目多，观点多。能说会道是他们最大的武器和优势。哪怕是针尖那么大的一点事情，放在他们嘴里，就能变成棒槌。添油加醋是他们的本能。

其二，实力派。他们的确有很丰富的知识，阅历。不管讲到什么话题，他们都有相应的知识储备。这是经过长年累月的积累才能达到的一种境界，不是"三脚猫的花拳绣腿"。

第六种：人云亦云型。

这种人在说话时，很少表露自己的观点看法，尽量在别人说过之后再说，虽然也讲了，但是基本上都是在重复别人的观点。这类人有很丰富的社会阅历和生活经验。之所以会做了应声虫，并不是他们没有自己的看法，也不是他们笨，根本原因是他们害怕得罪人。如果单位里很多人在一起开会，就某个问题讨论下，每个人可能会有一套自己的见解。这种人云亦云型的人自然是不会说出自己的看法来，那么讲别人的观点就没有问题了，如果错了也是跟风跟的不对，问题不大。所以明哲保身了。

这类人一般在单位里没有什么建树，是混日子的典型。平日里谁都不敢得罪，所以就成了大家的仆人，谁都能指使他，因为他们谁都不敢得罪。

声音高低大有学问

不同的人,在说话的时候声音的高低是不一样的,有的人声如洪钟,有的人低沉婉转,有的人则细如蚊鸣……

不同的声音是先天的个人条件,是后天不能改变的。在单位里,每个人的声音可能都有不同,正所谓未见其人,先闻其声。声音高低透出了一个人的性格倾向。下面我们从说话声音的强弱来进行分析。

第一,说话声音很大的人。这类人有非常开朗的个性,很爽快,说话做事都喜欢干脆利落,而不是拖泥带水。他们很讲义气,对朋友热诚,人很诚实,极少会有和你耍心眼的情况,是直来直去的一类人,不会一句话掰成几瓣来讲,说了半天可能只有他自己听懂了,别人还不知所云。

虽说这种性格能得到一些人的喜欢,但是也会因此而得罪不少人,因为如果是批评别人,他们也会毫不留情地、没有技巧地批评,这有时候就很难让人接受,也就难怪会得罪人了。他们正直,光明磊落,虽然自己的个性为自己带来了不小的麻烦,比如可能会得罪很多人,但是不会因此而改变,也不想改变。他们有很强的组织能力和责任心,是一个值得信赖的人,如果你遇见类似的同事,可以做深入地交流。

这类人如若能走上领导岗位,必能发挥自己的特长,做出很不错的成就。

第二,小声说话的人。这类人与上一类是典型的两种不同性格的人,这类人城府非常深,一般会将自己隐藏在重重幕布之后,让别人觉得莫测高深,并且这类人一般心眼很小,这一点尤其要注意,因为他们很关注自己的利益,即便是一点点很小的利益,也会和别人大动肝火,他们因为蝇头小利和朋友绝交都是有可能的,所以,他们就谈不上任何气度,阴险是最好的性格说明。即便他们不是一直在算计别人，但是如果想从他那里得到任何一点好处，都要付出很大的代价，他们不会吃亏，在这类人的人生字典里，就没有吃亏两个字。

其次，这类人非常有心计，善用计谋，而且为了达到自己的目的，甚至不择手段。他们自己能将所有的秘密放在心里，所以如果你想从他那里分享一些秘密的话，几乎是不可能的事情，即便是他们向你说了，也是有目的的。势利，阴险，有心计是他们的性格标签。

他们经常在琢磨人，经常想把任何人都看透，而且自视甚高，不过这类人从来都很难得到真正的成功，因为他们一生都没有朋友，尤其是交不到知心的朋友，他们不相信别人，除了自己，谁也不信。这也难怪，他们的疑心实在太重了。

第三，声音忽然放大。这类人讲话有个特点，一开始的时候就像是在水平线上走，但不知道什么原因，他们就爬到半山腰了，声音忽然高了起来。这类人典型的特征是耐心特别大，韧性特别好。他们喜欢思考，也很善于思考。他们在和你说话的时候，能非常安静地聆听你讲话的内容，如果中间感觉有些问题听得不是很明白，他们会随时提出问题，搞明白之后会继续很认真，安静地听你讲，而不是随意地打断。如果是他们自己在讲话，一开始很平缓，声调也很适中，但突然变高了，这说明他们发现了一些问题，并且这些问题是他有足够的把握能解决好的。

这类人虽说能很认真地听别人的讲话，但是很固执。有时候甚至显得很自负，如果他们提出的方案，你不是很认同，或者并没有能百分之百按照他讲的方案去操作，结果就是一场不小的辩论赛，他们不是想通过这个辩论搞明白事情到底该怎么样操作，而是让你彻底接受他们的一套。至于你说什么内容对于他来讲都是一样的，反正不会认可。

在工作上，他们是认真履行职责的人，自己的工作能安排得有条不紊，妥妥当当，跟这类人做同事，只要不是非常违拗他们的意思，一般他们会给你提供帮助，也很愿意给你帮助，只要你顺从他就好了。

第四，声音适中。这类人说话的音调不高不低，很缓和，既不会过于激动，也不会随意沉闷不语。这种说话音调的人需要多加留意，尤其是作为同事，他们是务实的人，理智的人，同时，他们也是很冷酷的人，有时候近乎不讲人情。个性非常慎重小心，绝不会轻易做出任何决定，所有的事情都在心里盘算很久才会做出最终的决定。

面对任何事情，哪怕是感情问题，他们都能很冷静，理智，客观地面对，不会掺杂过多的个人感情进来。他们的自我保护意识很强，具有敏锐的洞察力，深悉人情世故，所以不要轻易在这类人面前耍心眼，否则有可能会很下不来台。

理智有余，热情不足，他们对很多事很多人都显得很冷淡，不重视，也不愿意去重视，总是一副无所谓的样子。即便你和他很熟了，他也不会轻易地向你敞开自己的心扉，同时，他会注意到很多你自己都不曾留意过的细节问题，所以你的一举一动都在他的眼里看得清清楚楚。

第五，有尖叫倾向。有时候你可能会觉得眼前的这个人怎么有点歇斯底里，让人很不解。尤其是他们在慷慨激昂的时候，个人的情绪会达到顶点，他们是不折不扣的理论家，非常喜欢高谈阔论，爱炫耀，虚荣心强是他们的个性，他们自己很关注自己，同时也希望别人能时刻的关注自己。

不过，这类人和你交往的时候往往动机不纯，这一点要注意。同时，这个性格特征也是制约他们发展的一个很大障碍，往往他们很难取得什么成就，默默无闻。

说话的声音首先是来自先天的因素，通过聊天，再经过个人后天的加工，性格和心理反应就全部出来了。初到一家单位，如果你和别人还不熟，自然他们不会和你有太多的交谈，但你从他们和别人的谈话中能对每个人的性格有大致地了解，对以后的工作、人际交往大有裨益。

从小动作中读懂同事的性格

每个人在日常生活中都会养成一些非常具有个人特色的小动作，比如有的人喜欢没事的时候修修自己的指甲；有的人喜欢不停地抖腿；有的人喜欢转笔，一个劲儿地在那转，花样百出……

这些看似无聊或者是没有任何意义的小动作折射了一个人的内心世界，同时也将这个人当时的心情明明白白地表达了出来，当然前提是我们能看懂。

第一，摆弄一些小东西。

这个动作不仅仅限于女性，很多的男性朋友也喜欢有这些动作，尤其你在和他们说话的时候，这个动作表现得非常明显，不经意的就会做玩弄自己小饰品之类的东西，好像是没有很认真，仔细地听你讲话，但有时候并不是这样。他们可能无意去冒犯任何人，也不是对你不够尊重，而是因为内心很羞怯，不敢直视你。他们也许是内向型的人，和人交往不多，平时也没有养成很好的人际交往的能力和手段。他们不喜欢多说话，即便和你谈话时，需要他们作出回应，也是很简单几句话一言带过，并不多做说明和解释。因为很内向，所以不会轻易地表露自己的心迹。

一般这类人会有一个或者是两个非常贴心的朋友，一般不会多于两个。他们做事很踏实，很认真，感情虽不外张，但却很丰富，很细腻，能发现一些别人不易发现的细节问题，同时他们的责任心很强，一旦答应过别人的事情，即便是耽误自己的事情，也会先把别人的事情处理好。

作为交朋友而言，他们是非常好的对象，也是值得信赖的同事，不会轻易对你表示不满或指责。

第二，用鼻子吹气。

这是个别时候会表现出来的一种个人微反应。人当然不可能总是用鼻子来吹气，这也是很累的事情。他之所以这样做，是因为碰到了非常烦心的事情，或者是非常难以解决的问题，压力很大，但一时间又找不到很好的解决办法。用鼻子吹气，是为了舒缓自己的紧张情绪，释放压力，同时，也是有问题自己扛的表现。他们不愿意将自己现在的问题讲给别人听，即便是一时解决不了，也不想让其他人掺和进来，这纯粹是因为面子问题，他们不好意思张嘴。

所以，如果你看见自己的同事有这个表现，可以试着和他聊聊，看看是不是出了什么问题，有什么你能帮忙的没有。如果你能主动积极地给他提供帮助，他会在心里牢牢地记住你，感激你。在适当的时候，会给你更多的回报，来表示感谢。

这类人也是很内向的类型，不善于和别人打交道，人际交往的圈子很小。即便是在某个单位工作了很长时间，跟同事们的关系可能也仅仅是普通的熟人，并没有过多的交往，甚至他都不知道对面的人家住哪里，年龄多大，是否结婚（如果是年轻人的话）。

第三，低着头听别人说话。

这样的人非常慎重，不会轻易表现自己，同时也对别人过于张扬的行为表示不满。他们就是我们经常讲的那种很低调的人，不张扬。如果你认为他一直低着头听你讲话，是在思考你这些话，那么你就错了，这个动作本身和他是不是在思考没有直接的关系。而且，如果你是在教导他如何做，以一副师长的面目出现在他们的面前，他们心里是非常抵触和反感的，这类人对动不动就教训人的人有极大的意见。

如果遇到了"好为人师"类型的人，他们说不定会给你个小难堪，让你觉得有点下不来台。

第四，抖腿。

有的人在和别人闲聊的时候，甚至是在一些正式场合也会不住地抖腿，这种动作是无意识的一种自然反应。有时候会用自己的脚尖点地板，发出不小的动静，如果你不提醒他，他自己都不知道这个动静是自己发出来的。

这种人表面上看起来很外向，其实他们是很保守、内敛的性格，自我中心的欲望很强烈，也是极端自私的一种性格，不管是从个人感受还是从实际的利益考虑，他们都只想到自己，不会考虑到别人是怎么想的，也不愿意去想，觉得这个问题和自己没有多大关系。

虽说如此，他们却精于世故，对很多问题都有一套不俗的见解，而且非常深刻，有时候几句话就能让你对他刮目相看，对于哲学问题情有独钟。

第五，说话的时候咬指甲。

有的人在和别人说话的时候非常喜欢咬自己的手，或者是不停地咬自己的指甲。这类人非常感性，容易动怒也容易伤感，理性思维较差，容易焦躁不安，耐性不好。一件事情如果不能在短时间内做好，很快就没有兴趣了，转而去做其他的事。其实所有的事情都不能很好完成，虎头蛇尾，有始无终。

不管对人还是对事，他们的看法都流于表面，很肤浅，容易紧张，一遇到压力就不知所措，如果身边有个人，他们会感到稍稍放松，但如果只有自己一个人，就会很不适应，逃离反应非常明显，只要是条件允许，就不会在压力面前待很久。

小动作是有个性色彩的，每个人都不一样，这些动作体现在日常生活的角角落落，当事人有时对自己的这些动作没有丝毫地觉察，比如说抖腿，他们就很少能察觉到自己的腿在动。这些细微的动作在无意间就把自己的性格出卖了，了解一个人，不用过多的言语，看看他的小动作就会有一定的收获。

二、了解你的下属

及时掌握和了解下属的心理动态有助于领导协调各个部门之间的关系，有针对性地对人对事做出正确的判断。了解下属的性格也是作为领导者必须要学会的一门功课，只有知道了他们是什么类型的人，才能知道到底这个人适合什么样的岗位，将合适的人放在合适的岗位上是作为领导者的必修课。

从座位看员工的工作状态

坐在不同的位置，表明了不同的态度，这个观点在当今已得到了越来越多的认可。其原因就是人们对微反应的深入研究。

有研究者指出，一个人在开会时选择的座位和这个人的性格有直接的关联。撒切尔夫人年轻的时候，总是喜欢坐在第一排，但是平时很少有人喜欢这么干。第一排的位置总是能给我们带来不小的压力，所以开会的时候，大多数人总是喜欢往后坐，而不是选择靠前的位置。

一个好的领导首先就是一个好的组织者，协调者。了解自己的员工，就是从不同的方面对这个人进行全方位的考察，进而在自己的脑子中对这个人形成一个立体的印象，而不是简单地知道这个人是男还是女。

考察一个员工的方法有很多，一些硬性的考核只能看到业务能力、工作能力等方面，很少能真正触及员工的内心动态。而员工的内心动态对于领导者来说却是至关重要的。如果掌握了员工的内心动态，那么管理一个团队就会容易一些，不会在"人"这个问题上出现大的失误。想弄明白这个问题，在开会的时候观察不同人的座位选择，就是一个不错的办法。当然，职位的不同，位置的安排也会有所不同。下面我们以平级员工进行分析。

> 不同的座位选择，就是不同的工作态度，不同的工作热情的体现，这是职场中最容易被发现的一个现象，同时也是最能直接体现出一个员工心态的行动表现。

第一，最后一排。

这是最多人选择的类型。很多人认为，坐在这个位子上的人认为这是很低调的一个选择。这样不会挡住别人的视线，不会成为大家关注的焦点，这样的选择是谨慎的表现。不会因为过于出风头让人误解。

这样的解释似乎很符合逻辑，其实从心理学的角度分析，并不是为了低调，不挡住别人的视线而选择这个位置。真正的原因是不想给自己太大的压力，因为最后一排离主席台的位置最远，坐在这个位置最不易被老板或者是自己的领导发觉，不会有很大的心理负担。这类员工性格通常比较内向，平时很少说话，当然大多也是一种缺乏自信的表现。不过有的员工的确也因为低调、稳重的做事风格才选择了这个位置。这就需要结合其他因素进行分析。

第二，中间位置。

这个位置在企业会议中也是坐的人比较多的，因为既可以让领导看到自己的存在，也可以减少领导给自己的压力，这类人希望得到领导的重视，有较强的工作欲望，但总是得不到领导的重视。心中也有一定的顾忌，担心领导会给自己一定的压力。对于这类员工，领导者应该给予其一定的权利或者工作，让其发挥，这样可以更大限度地激发其潜力。

　　第三,前面位置。

　　这个位置在员工当中抢坐的一般会很少,原因很简单,因为在领导的眼皮底下,压力大,随意性不是很强。如果是一位严肃的领导开会,这个位置相信坐的人会更少。当然,也有喜欢坐这类位置的人,这类人总喜欢自己能够成为关注焦点,喜欢在领导及众人面前显摆,不过这类人的工作积极性很高,做事通常都比较高调。对于这类员工,领导者要量才而用,其有多大的能力应该给予其多大的任务,超过其的能力,往往很难成功。

下属模仿上级是什么原因

　　年轻人很喜欢模仿明星,歌星,这是对自己喜欢的人的一种潜在的崇拜心理。在职场中,经常会见到有些人模仿自己的上司,从衣着打扮到言行举止,不知不觉中向上司看齐。这种现象存在于各个国家的各个企业,并不是哪一个国家或者企业的特殊性表现。

　　下属模仿自己的上司,有时目的性比较强,有时则不然,不能笼统地将这种模仿定性为拍马屁或者是阿谀奉承。举个生活中的例子:

　　小孩在成长的过程中,因为对外界了解很少,没有更多的社会知识、生活常识,那么就会自觉不自觉地模仿自己的父母。这是很常见的一个过程,几乎所有的孩子都会在他们很小的时候模仿自己的父母,当然不只是父母,还有外界的一切他认为需要模仿的东西,比如语言,肢体动作,行为方式,等等。

　　刚开始可能掌握不到精髓,模仿得不像,但渐渐地就熟能生巧了。一个对社会无知的人正是通过不断地模仿学习,逐渐对社会,对生活的常识开始慢慢地了解、掌握,而且开始慢慢地有所创新。

　　模仿是一种学习开放的姿态,善于模仿的人很容易能在自己的领域做出不错的成绩。即便是在科学领域，也是先从模仿开始，不可能最初就是创新。下属对于上司的模仿就有这样一种心理情节。

一般来讲，领导无论是在工作经验、社会交往能力，还是具体的业务能力上都比一般员工更胜一筹。尽管不同的领导有不同的风格，个人的业务方向不同，但这些人身上一般无一例外地都会有些闪光点，这个闪光点能让他们看起来与众不同。

第一种，有些员工出于对上司能力的认可和肯定开始慢慢地向他靠拢，学习他的一些行为方式。

出于这种心理的模仿范围一般在一个特定的范围内，而且和工作有关，不会对他的穿着打扮感兴趣。比如说，如果领导做的是技术性工作，那么可能会有下属模仿他在这个领域的思路，做工作的方式方法，但也只是限于这些专业领域，而不适合一般的社会生活。

这种员工一般积极进取，有理想，有抱负，能脚踏实地地完成自己的工作，认真负责，而且很喜欢学习，希望能通过不断地学习增加自己的知识储备，获得更大的工作上的成就。

第二种，对于生活习惯的一种模仿，比如说穿衣打扮。

这种模仿的目的性较强。模仿者不一定对自己的上司有多么肯定的看法，或者压根就持否定态度。但毕竟是上司，和自己领导搞好关系是职场中非常重要的一个环节。并不一定奢求通过这种行为获得很明显的效果，比如说希望上司能赏识并认可自己，从而提高自己，他的目的可能只是和自己的上司保持一个比较良好的关系状态，而不是像很多人想象的那样简单，就是一种拍马屁的行为。

第三种，对日常行为方式的一种模仿。这种模仿并不像前一种那么明显，模仿穿衣打扮很容易就会被其他同事看出来，而这种模仿行为方式的做法就显得更为隐蔽。如果不是很留心，可能你还不知道你对面的那个人在模仿你们共同的上司。

这种模仿行为有一定的崇拜情结。人都会对自己喜欢的、有相当成就的人产生一定的崇拜心理。在一个单位，不大的圈子里，自己的领导、上司，一般不管是个人魅力还是工作能力，都显得很突出，有点"鹤立鸡群"的感觉。这种情况就会有人对之产生一定的仰视心理。这是微反应中非常典型的仰视反应的一种。从言行举止到说话方式，都不自觉地往上司的方向靠拢。

模仿领导日常行为者，一般是比较内向的人，同时也有一定的自卑心理。他们对自己的生活状况感到非常不满意，同时又找不到一种很好的借鉴方式，他认为自己上司的那些行为方式都是很不错的，自己未来也应该有那样的表现，而不像现在这样。

一方面来自对自己的不满，另一方面对领导的状态很羡慕，所以就会产生一种"顶礼膜拜"的感觉，进而影响到自己的日常生活。

这种人的模仿行为一旦被其他同事窥视出来，会极力否认，坚决不承认自己是在模仿谁，他们很好面子，虚荣心也很强。

模仿从总体来讲是一种"向上看齐"的心态，是对自己的不满，希望自己能更加完美，而不是现在的状况，同时，模仿自己的上司也有希望能被领导青睐、认可的心理。

花言巧语的下属在想什么

每一个单位都有那么一两个喜欢花言巧语的人，他们往往不论对谁都是笑呵呵的，显得脾气很好，很和善，对于自己的领导尤其如此。

这些人的工作能力一般不怎么突出，但是并不惹人讨厌，即便是有些人看不惯这种行为，但如果马屁真的拍到自己身上了，他们一样会很开心，这也是为什么这类人会很吃香的原因。

没有人会拒绝别人的赞美。有时候这种花言巧语的人并不是他们性格，而是对于生活的一种妥协，是他们谋求一定利益的一种手段，这种方式是他们在后天的社会生活中逐渐学习的一种生存艺术。只是这种方式并不是非常值得敬重而已。

> 语言是一个人内心想法最直接的表达方式，这种方式并不总是一是一，二是二的方式呈现在我们面前，语言的虚假成分最容易被制造，花言巧语就是非常典型的一类。保持理智和冷静是处理这类现象最好的法宝。

花言巧语少不了过度的夸奖，这种夸奖虽然外人一下子就能听得出来是过分的表彰，不过当事人就很难有这个觉悟。在我们的生活中，很多场合都能见到这种人，他们为了达到某种目的，或者是为了某种特定的利益，就会用这种刻意奉承，甚至是巴结的方式去取悦别人。不单单是语言上的取悦，有时还会伴随着一些行为上的配合，比如说点头哈腰。

其实，目的很简单，就是让你能满足他的欲望，实现他自己的目的。只要能为自己谋求利益，什么方式并不是他们关心的。

在一个单位中，作为领导，如果不能看清这类人的真实面目，那么带来的一些负面的影响还是很大的，如果这种人得到过分地提拔，对那些努力干活的人是一种无形的打击和伤害，对于维护团队的凝聚力，提高士气非常不利。

其实这类人的性格并不十分难以摸透，因为他们都会有一个很明显的特征，那就是急功近利。他不可能因为一件事情对特定的一个人奉承很多年，说不定过不久，他就会跳槽到另外一家单位了。所以如果有这种举动，他就想能尽快达成自己的目的，以免夜长梦多，免得被别人看清自己的真实目的。

《三国演义》中有很多关于计谋、人心的描写，很多例子放在今天，对于我们认识一个人仍然有十分重要的意义。

荀攸在三国中是个很有智谋的人，他在很小的时候，就很聪明，冷静。他的一些看法就连大人也很难超越。

荀攸 13 岁的时候，他的祖父去世了，一家人都很难过，这时候，他祖父昔日的一个部下张权跑过来吊丧。一到灵前，这个人就放声大哭，就像是自己的亲人死了一样，这种悲伤显然是不正常的，不但如此，他还说，荀攸的祖父当年对自己非常好，为了表达对他老人家的大恩大德，他决定去为荀攸的祖父守墓。

张权的这种举动让荀攸一家老小感激涕零，没有想到昔日的一个部下，今天竟然能做到这种地步，所以他们很快就准备答应张权的要求，让他为老爷子守墓去。

然而，站在一边的荀攸却觉得事有蹊跷。

他一直没有说话，站在一边观察张权的一举一动。他觉得这个人的行为非常反常。按理说，即便是自己当年的老上级，对自己有提携之恩，来吊丧就已经足够了，没有必要因为当年的事情还去守墓。此外，自己祖父在世的时候，从来没有提起过张权这个人，这就说明在祖父的印象里张权并不是很熟的一个人，他们两人可能只是泛泛之交，并无过多来往。但是这个人的举动却表明与祖父的关系非同一般。如果真的是关系非同一般，祖父为何从未提及此人。

所以，不管怎么分析，这个人贸然前来，主动提出守墓，都显然已经超过了一个部下对上级的感情，因为就连家里的亲人也未必愿意去守墓，更何况是一个外人。

那么，张权此举一定是有原因的，甚至有一定的阴谋存在也说不定。

所以，荀攸就找到自己的叔父，向他说明了自己的疑虑，并建议将张权找来问问，事情可能就会明了了。

果不其然，面对怀疑，张权先是极力争取去守墓，其次对自己为什么要去，含糊其辞，不清不楚，而且前后矛盾，吞吞吐吐，显得不但紧张，而且如临大敌，非常恐惧。这就更于理不通了。果然，没有几个回合，张权就说了实话，原来他杀了人，给老爷子去守墓，无非是想逃脱罪责，不受到国法的追究。

　　家里的大人很多，他们的社会阅历和经验比当时的荀攸高出很多，但对于张权的行为，都没有能发觉，反而是一个十几岁的孩子发现了其中的秘密。

　　荀攸发现张权秘密的方式很简单，就是在一旁静静地看，一直很注意地观察张权的一举一动，再结合自己日常对于祖父的了解，从而做出判断——这个人有问题。

　　其实，如果其他人能像荀攸一样，保持一种冷静、理智的态度来面对这样突如其来的好事，这些骗人的伎俩根本就很难逃得过他们的眼睛。之所以没有发现，根本原因还是因为他们太过高兴，为了自己老爷子有这样一个贴心的部下高兴，也是自己的一种荣耀，没有想到会是一个骗局。

　　看到了蛛丝马迹，心里有了疑惑，就可以多一份防备，这是好的。识破花言巧语并不是十分困难的事情，我们需要的就是冷静。

　　作为单位的领导，在很多方面有一定的实际权力，不管是谁坐在这个位置上，都会有人想从自己这里得到一些好处。所以就会有一类人想通过奉承、欺骗、诱导等方式来获取一些自己本不应该得到的东西。

　　我们只要不被眼前的一点利益吸引，时刻保持冷静，面对这种非常过度的夸奖，赞美保持警惕，那么这类人就不会得逞，也不会因为处理不当对其他人没有交代。

口头禅能说明什么

　　口头禅是语言的一个重要的组成部分，不管是男性还是女性，尽管口头语的内容可能不一样，性质也可能差别也比较大，但每个人都无一例外的会有一两句惯用的口头禅。

　　人类在日常讲话的过程中，会不知不觉地形成一些属于自己的日常习惯用语，并形成一定的个人说话风格。这是性格反映在语言上的又一个非常典型的外在表现。

每个人的口头语都打上了个人的性格标记。在工作岗位上也一样会无意识地表露出这种内在性格。因为没有人会有意识地改掉自己的口头禅，除非是有爆粗口的嫌疑，会有所收敛。

不管是什么形式的单位，只要是在上班时间，都还是相对严肃、正规的一种场合，同时又因为职场本就是比较复杂的一个地方，每个人因为自我保护的原因，所以一般就不会很明显地将自己的性格完全暴露在众人面前。

作为领导者，如果要看透每一个员工，了解清楚他们每个人的性格特长，将他们放在最合适的岗位上去，就要对每个人的性格有一个很准确的把握。那么，通过一些日常的行为，语言习惯来作为切入口，就是比较好的一种方式。这些特点很真实的，同时又是性格的写照。

有的人非常喜欢使用"果然"这俩字。

比如说在讲到某个问题的时候，他经常会重复这样的"果然和我想的一样……果然如我所料……果然不错……果然我猜对了……"不管是什么结果，他都喜欢在这个结果前加上"果然"两个字，这两个字很显然是在强调他自己的重要作用。

潜台词就是夸赞自己能力很强，早有预料，很有先见之明，如此等等。

这类人非常自我。自以为是，个性张扬是他们的典型的特征。这种说法并不是有意为之，而是一种无意的性格透露，这种说话方式的人并不多。因为在单位，大家都知道低调、谦虚的重要性，还能说出这样的话，可见这个人的性格多么外张。

所以，经常讲"果然"的人，是不适合做领导的，因为他们听不进去别人的意见，对于不同意见基本上持否定态度，别人听他的行，如果让他听你的，则很难。

这类人不但很难听进别人的看法，也很少能照顾到别人的感受，不管干什么事，说什么话，都是在强调自己，而很少会考虑到别人。所以，他们在团队中就显得比较难以管理。

喜欢说"其实"两个字的人。

这类人是比较常见的。"其实，这个事情是这样的……其实，也并不一定……"在说出一个话题之前，先把这两个字抛出来，之后再说后面的内容，这是很典型的倔脾气。

"其实"这俩字是在强调自己的看法，这两个字一出来，紧跟着自己的看法也就到了。这种情况下，一般并不是为了否定别人，如果仔细听一下，你会发现，他们这两个字后面跟的内容多数没有什么新意。就是重复别人的观点，但为什么还要多加一个词语呢，就是为了让别人知道，现在我要讲自己的看法了，"其实也并不是你讲的那样，而是……"这个时候，讲出了"而是"，看似是要讲出自己的想法了，但其实是换汤不换药。

喜欢说"其实"的人很喜欢表现自己，他们喜欢出风头，有强烈的表现欲望，希望所有人的注意力都能集中到他的身上，而且他对自己的能力与智商很有自信，甚至是自负，这是一种来自性格里的自负，并不是事实证明他真的很不错。

任性也是他们很大的一个特点，别人对他的忠言不管是什么形式的，都很难听得进去。因为有强烈地表现欲望，所以，如果把这类人放在幕后，就是用错地方，相反，如果是放到台前去，就能发挥他们的性格优势了。

爱说"确实如此"。

这是典型的跟风。老是说"确实如此"的人，你留心看下他们说出这句话前，是不是经过一定的思考，绝大多数情况下是没有的。经常说出这几个字的人表示他们一般没有太多的见解，知识面比较窄，阅历也不多，性格也很简单，直来直去，不过他自己对自己的这种性格并没有清醒的认识，反而认为自己是比较能干，知道的比较多，虽然浅薄无知可以概括这类人，但他们却非常自以为是。这一点却很让人吃惊，他为什么会有这样的心理。

常说"这个"、"那个"、"啊"。

经常用到这些词的人，一般老成持重，城府较深，不轻易表露自己的心迹。办事谨慎小心，但是缺乏创造力，没有创新精神，只要自己的分内事不出乱子，就可以了，想要做得更好，他们没想过这个问题。所以，如果把他们放在一个很需要挑战精神，需要付出很多的位置上，他们多数情况下会束手无策，毫无办法。

喜欢用流行语。

这类人对时尚，明星，电影，娱乐这些问题如数家珍，最大的特点是喜欢夸张，所以他们的话不能尽信，信一半就差不多了。他们喜欢跟随潮流，缺乏主见，人格里缺少独立意识。

在单位里，很多人都在尽可能地将自己保护起来，不过多地流露内心的真实感受。作为领导，又必须要弄清楚自己每个属下的性格，然后根据他们的各自特点放到更加合适的位置上。而在与下属交流中，口头禅刻意加工的可能性很小，因为这往往是一个习惯性的动作，所以，这是了解下属最好的途径之一。

从穿着打扮看透员工性格

从一个人的衣着打扮可以反映一个人多方面的内容，比如说经济基础、性格爱好、思想品位等。衣服不单单是生活的必需品，也是个人的一种点缀，是思想和一个人灵魂的外在表现。

就算是亲姐妹，对衣服的选择也会大相径庭，因为她们的性格都是不一样的。选择什么样的衣服，就是什么样的性格底色。下面我们从不同的角度进行分析。

1. 价格为主

这类人购买衣服的时候，不是考虑是不是好看、时尚，也不是考虑它的质量如何，而是想这件衣服是不是太贵了。所以他们的衣服一般是本着节约的原则。购置新衣的时候，砍价能砍半天，结果还不一定买，因为没有到自己理想的价位。这倒并不能完全证明他们很缺钱，而是他们本身的性格就是这样的，有了这样的性格，才会有这样的行为。不管干什么，他们珍惜自己花出去的每一分钱，不单单是买衣服。在他们自己经济条件允许的范围内，他们的衣服并不一定是最便宜的，但价格因素却是购买衣服的第一因素。

这类人最典型的特征是凡事都用金钱来衡量，所以就很势利。

2. 讲究品位

这类人买衣服的时候考虑的不是自己是不是喜欢这件衣服，而是衣服本身的材质、品质如何，这才是他们关心的，他们想要的是有品位的生活状态，不管是衣服还是别的生活所需，他们对质量的要求都很高。衣服不但要求质量好，还要美观大方。

他们有非常清晰的人生目标，从来不会懵懵懂懂地过日子，他们喜欢不断地学习，不断地获取新知识，而且也一直能保持这份学习的热情。该自己争取的东西他们从来不会轻易放弃，知道什么是该坚持的，什么是需要放弃的，对自己的价值心里非常清楚。他们认为自己经过不断努力，就是为了更好的生活，所以追求高品质的生活目标是合理的，也是他们人生的一个特点。

3. 靠衣服建立个人形象

这类人买衣服也不是为了个人的爱好，而是为了给别人看。他们买衣服时想到更多的是给别人看，总是会想"别人看见我穿上这件衣服后会有怎样的评价"。每买一件衣服，他们的想法都是能给别人留下比较美好的印象。

这是追求完美的一类人。如果将他们放在核心的技术工作岗位上，他们是很少会出错的，而且能在工作中不断地找到更好的方法，有良好的创造力和创新精神。他们的处世态度非常严谨。他们在生活中对两种东西趋之若鹜：权力和名声。所以这类人在工作中会非常努力往上爬。不过，对于工作本身而言，这倒是好事，因为他们工作积极负责，干劲十足，而且能力不俗。

4. 自己喜欢

这类人买衣服的时候从来不会考虑所谓的流行或者是时尚，这些跟他们一点关系都没有。他们在买衣服的时候从来不会受到这些外在因素的影响，只是从自己的内心喜好出发。而且因为这个原因，他们身上的衣服多数是商场里不常见的，一般是很简单，看上去可能趋于保守的款式，但他们自己却情有独钟。

这类人非常重视精神上的满足，对于别人的看法往往不屑一顾，有的时候，他们的观点、看法可能会显得很另类，跟一般人格格不入，虽然不被多数人喜欢，但是他们不在乎，别人怎么说，他们从来不会放在心上，物质享受不是他们追求的东西，精神上的愉悦才是关键。

这类人非常适合做领导，因为他们不会因为多数人的意见而否定掉一个正确的思路，而且他们有这个能力去判断一个方向是不是正确，是不是值得去尝试，去冒险，这倒不是说他们很自我，这个思路可能并不是来自于他们自己，但一旦获得他的认可，就会竭力支持。

5. 第一感觉

有的人买衣服，并不是因为自己喜欢，也并不是这件衣服本身非常适合他，这个都不重要，只要第一感觉很好，一切就妥了。价格方面不重要，材质也不重要，可能这件衣服比自己平时的衣服贵出不少，但很漂亮的话，也就没有什么问题了。如果很便宜和自己平时的衣服不是很搭调，也没有关系。

这类人对一切美好的事物非常敏感。他们判断一件事物是不是美，标准只有一个，那就是看上去是不是漂亮，如果不是，那就是差的。这类人非常喜欢吹嘘自己以及和自己有关的东西，比如说自己的家人。他们太注重表面工作，而不是实际的效果。所以，他们一般不能放在很核心的位置上，否则就有可能会造成失误，给单位带来不小的麻烦。

衣服着装是一个人性格的自然流露，除一些比较特殊的单位（如财经行业）外，一般多数单位对员工的着装没有统一的要求，这就给领导一个机会，从更多的方面去了解，发现自己员工的性格，找出他们的性格强项和弱项，合理安排工作岗位，提高工作效率！

如何把握员工的性格

一个人的性格是来自先天的一种人生烙印，它能对一个人的行为方式产生决定性的影响，尽管我们可以经过后天的学习、锻炼，来增强自己的职业技能，人际交往能力，社会适应能力，但很多来自我们心灵深处的东西是不能经过后天的修饰而加以改变的。

> 一种性格就是一种人生，在职场中，它与员工的微反应有千丝万缕的关系，通过观察解读其先天气质和后天经历，就能够对其的性格进行把握。

所以，作为领导，不但要知道每个员工的能力，更要了解他们的性格特征，因为只有完全了解了一个人的性格之后，才能对他做出更加接近事实的判断，扬长避短，让他做最适合自己的工作。

我们不能将一个内向的人变成一个开朗、活泼的外向型性格，但是我们可以将他从交际量较多的岗位上抽调到不用过多和人交往的岗位上，比如说将内向型的人从销售岗调到内部管理岗位就更加适合他，而让一个非常外向的人做财务就不是一个很明智的做法。

不同的人有不同的性格，不同的天赋。

从某种程度来讲，并不存在完全无能的人，而是没有用好，没有能让他们发挥好自己的才能。即便是金子，也要在有光的条件下才能发光，并不是放在泥土里也行的。

所以，作为单位的管理者，尤其是高层管理者，对于员工的性格把握很重要，只要知道了他们的性格，才能在这个基础上做出最为明智的决定。

人的性格太过复杂，所以我们才有"人心难测"的说法。每个人都是不一样的，我们不可能照顾到每一个人，更不可能将每一个人的实际情况都分析一遍。不管是多么复杂的东西，它是在一个或者是几个大类里面体现自己的个性，而不是绝对孤立的一种存在。

分析并看懂一个人的性格虽然艰难、复杂，但也并不是无从着手。其实，我们还是有很多方法来解决这个问题的。

第一，先天气质。

这是第一个需要观察的方面。一个人的性格首先就是来自于先天，而不是后天的培养。先天的气质也不是能伪装出来的。所以要洞察一个人的性格特点，先要观察他的先天气质类型。这个看上去似乎很玄乎，其实并不是很难发现。

观察一个人的时候，我们自己首先要冷静、客观，对一个人的评价，尤其是先天的气质问题，不能根据我们自己的喜好来，看一眼觉得不是自己喜欢的类型，就否定他，这就看不到事实的真相了。

听其言，观其行是最好的方式。看一个人的气质，可以通过看他的情绪起伏来判明，看他对外界的反应是快还是慢，是积极进取地应对外界变化，还是消极被动的面对。这些都可以让你对眼前的这个人有一个大体的判断，是外向的还是内向的，是强硬的还是软弱的，是粗心大意的还是细致入微的，等等。

第二，后天经历。

通过对他的气质类型的解读，就已经有了一个大概的印象。接下来，我们就可以对他的后天经历进行考察。比如：他的社会阅历有哪些，家庭背景是什么样的，学识构成如何，曾经有过什么样的特殊经历，这些经历对他产生了什么样的影响，他的人生目标是什么，对自己的定位什么样的，如果将他放到一个特定的位置上他最想得到的是什么，如此等等。

这些后天的养成是一个人所有经验的来源。这些会对他的性格产生或积极或消极的影响。看看这个人的兴趣特征是什么。需要搞清楚，当他在面对来自生命中的不可知的一些意外事件时，他会有什么样的反应，这个方面是最能反映出一个人的性格特征来的。

一般来讲，如果一个人对来自外界的冲击表现出解决问题的姿态的话，那么就可以定性为积极进取型的性格。这类人非常适合放在市场开拓岗位上，如果将他放到售后服务去，是明显的资源浪费。但是如果一个人在面对外界冲击时表现出来的是过分的恐惧、无助，过分的慌乱，这就说明他是保守型的人，对于"守城"是没有什么问题的，但是如果让他们去"开疆扩土"，打开新市场，这个难度就很大。

先天的气质类型，后天的社会经验、学识等客观事实了解清楚后，最后的工作就是针对这些材料进行解读，每一个人这些客观的资料多少都会有不同，但我们每个人都不是独立的，都和其他绝大多数人一样，和社会有很深的联系，将这些资料进行整合，经过分析，就能得出比较接近真实的答案，这也就是我们想要的答案。

三、读懂上司的心

升职？加薪？身处职场，这是必做的梦之一。此梦要成真，起到关键性作用的人物便是上司。上司对你的评估决定着你该不该被重用、能不能被升迁、值不值得加薪留用。要在上司的心里占有一定的分量，提高评估值，就要先看清上司的心，投其所好，做个"有眼力见儿"的下属。最懂上司的人，才能成为上司的"心腹"，心腹往往更能"近水楼台先得月"。

看见下属过来，立即跷起二郎腿的上级

职场生活中会遇到各种各样的上司，而上司的个人性格也代表了他们的行事作风。如何猜测上司的心意也成了比闷头做事更重要的事情。当然，作为上司，他们希望自己能够保持威严，能够做到不怒自威。因此，上司究竟在想什么，他们是不会说出来的。这个时候，不妨通过上司的一些行为来分析他们的心理活动。

有上司看见下属走过来，就会立即跷起二郎腿。这种类型的上司也比较常见。究竟两腿交叉起来跷二郎腿说明了什么呢？这又代表了上司什么样的心理活动呢？

职场中常见到这种现象，有的上司无论是布置工作还是批评下属，都喜欢将他们叫到跟前，然后跷着二郎腿开始滔滔不绝。通常情况下，上司

的这种跷二郎腿的行为属于一种自我放松的形式。他们在下属面前故意跷二郎腿，实际是为了给员工造成一种居高临下的心理。说白了，上司就是想通过这种行为来告诉员工，自己现在很放松，并且对所要谈的事情胸有成竹。

然而，真实的情况是，上司这样总试图保持威严的跷二郎腿的行为并非真的代表他们拥有自信，恰恰相反，在心理学上，上司的这种行为刚好解释为对自己缺乏自信。因此，跷二郎腿就是为了掩饰这一心理活动。

因此，当下属跟上司进行谈话时，不妨通过看上司的这种行为来分析他的内心。同时，当两个人谈话的时候，也可以通过跷二郎腿的方式看出对方的内心是否对你有善意。倘若对方正面朝向你，并且跷起了二郎腿，这就说明他对你有善意。反之，若对方侧过身子，跷腿的方向跟自己不一致，很可能对方对你没有好感。通过跷腿的方式来判断对方对自己的态度，将心理学利用在职场上，对自己也非常有利。

李建作为项目经理，要代表部门去跟上司申请他们的新项目。他早就做好了充分的准备，认为自己有很大的胜算能够说服上司，通过这个项目。

李建走向老总的办公室，老总看见他过来，就立即跷起了二郎腿。

这个动作让李建有些心慌，他看见老总一副胸有成竹的样子，对自己的胜算就降低了不少。

李建开始滔滔不绝地跟老总讲解自己的项目策划案，老总只是皱着眉头认真听，基本上没有说话。

在这个过程中，老总一直跷着二郎腿。

看着老总这个样子，李建也越来越没把握了。他的讲解也越来越单薄了，甚至，很多细节他也都一笔带过。等到当他把该说的都说了之后，就觉得不知道该说什么了。老总又没有给他回应，这更加让他不安。

最后，老总等他说完，就问了他几个问题。

李建就一一简略做了回答。连他自己也觉得，他回答的不够好。

最后，老总就让他先出去，这个方案他要想一想。

李建走出办公室的时候，心里就觉得，这个方案肯定不会通过。

果然，这个方案没了下文。

实际上，不难看出，上司在这个过程中跷着二郎腿并非说明他真的胸有成竹，也不说明他对该项目不感兴趣，他其实希望通过更多的了解来决定是否实行。他跷着二郎腿正是代表他内心也没底气，所以希望下属能够多给他一些解释，能够让他有更清晰的判断力。

他跷二郎腿不过是在掩饰他的内心活动，他不希望下属认为他了解的不够多。倘若案例中的李建能够多给上司一些更为详尽的解释，而不是首先乱了阵脚，被上司的行为所吓住，那么最后依然有获得好的结果的可能。

所以，当上司跷起二郎腿，正是体现了他的戒备或者矜持的心理。一般来说，跷二郎腿总共有两个基本姿势，一种是标准型跷腿，一种是"交叉合拢"型跷腿。两种不同的姿势，也代表了不同的心理活动。

二郎腿的标准姿势，说的就是一条腿搭在另外一条腿上。一般情况下，人们习惯将右腿搭在左腿上。这其实并不代表高傲自大，或者带有任何夸耀的成分。反而，这是一种神经质、戒备或者矜持的心理活动表现。当人们发现对方有这种行为表现的时候，不要认为对方多么胸有成竹，反之，应当尽量赢得他们的信任，这样你会发现他们的动作也会发生改变。

在职场中，下属看到上司有这种行为，并不能以偏赅全地认为对方对自己有戒备心理。实际上，跷二郎腿有些时候也需要搭配一些动作和手势，这样才能够判断得更清晰一些。

比如，如果在交谈过程中，上司不但跷起了二郎腿，还双臂交叉抱胸，这说明他是在明显地想要结束谈话。这个时候，如果下属执意去向这样一个老板表明自己的态度，或者要求老板给予他什么，这是最愚蠢不过的行为了，最终一定会遭到拒绝。

除了标准姿势，上司"交叉合拢"型跷腿，也代表了不同的心理活动。倘若上司将一条腿呈半弓形搭在另外一条腿上，就说明和这个人有一种竞赛和抗拒的心理。这种姿势常常出现在讲究竞争的圈子里。如果上司采用的是这种姿势，就大可不必再向他展示自己的要求，最好能够改变战术，更加开诚布公一些，赢得对方的信任。

如果上司是"交叉合拢"型跷腿，同时也搭上手。这就说明他们是那种很难在讨论过程中改变自己想法和观点的人。这种类型的上司会跷起二郎腿，并且又用一只手或者两只手扶住，这体现了他们十分固执，想要赢得他们的赞同或者支持，就需要多花一些时间。

职场中读懂上司的心意十分重要。然而上司始终是跟你保持一定距离的人，想要他们推心置腹并不容易。这个时候，不妨通过一些心理活动来探究上司的心理活动。

从不愿离开自己座位的上司

职场中常常见到这种类型的上司，他们一走进自己的办公室里似乎就不会再出来。于是看到员工们一个一个地被叫进他们的办公室里接受指令或者进行谈话，似乎任何指令的下达或者任何措施的实行，都是从上司的办公室里而来。一旦上司从里面走出来，就是他们要离开的时候。久而久之就给员工造成了一种印象，上司所有工作任务的下达，都是在他的座位上进行。

这种情形会给员工造成一种感觉，除了管理层，基层的员工基本上没有跟上司打交道的机会，难免为他们造成一种居高临下的感觉。实际上，这在心理学上也代表了上司的一种心理状态。

某公司的张经理和王经理的做事方法完全不同。

张经理喜欢将部下叫到自己的办公室里面来谈话，无论是训话还是下达命令,他基本上从不离开自己的座位。常常是一个电话就将员工叫到办公室里,他要离开办公室就是离开或者出门办事,基本上工作方面的事情都是在办公室里进行。

而王经理和张经理的办事方法不同。

王经理每次向部下下达指令或者询问一些情况的时候,他都会亲自到对应员工的座位旁边跟他面对面地交谈。倘若员工工作任务理解有偏差,他甚至会来回地跑,直到员工理解他的意思。

这样一来,两个部门的情况就十分明显了。从不离开座位的张经理虽然每天有员工从自己的办公室进进出出,但是问题反而越来越多。并且,张经理不太受下属员工的欢迎,因为员工经常在忙得不可开交的时候,他还是将别人叫过去。每当看见他办公室的电话打过来,部下们都感到十分厌烦。

而王经理就显得平易近人多了,他的做事态度也让员工们更容易接受。同时,员工们的工作任务和进程也能够得到经理的直接指示,这就明晰多了。更重要的是,通过这种直接的交流方式,王经理也更容易和部下打成一片,共同为部门创造好的业绩。

两位经理截然不同的态度显然导致了不同的工作效果。为什么会这样? 心理学上分析,张经理将办公桌看成自己的势力范围,很显然他将领导意识看得很重。而王经理选择跟员工直接交流,也可以明显地看出,究竟哪位上司对自己的能力充满自信,究竟哪位上司是在虚张声势。

从不愿离开自己座位的上司,他只把自己的办公桌当成是工作领地。心理行为上,他的这种做法实际上是因为他缺乏自信,认为只有将下属叫到自己的势力范围之内,才能保住自己的威严。

相形之下,案例中的王经理对自己的领导能力充满自信,他认为自己不管走到哪里,哪里都是自己的势力范围。他也认为,员工的问题他都能够进行解决,并且他相信自己的沟通能力。所以他选择离开座位,并认为这样并不会对自己的地位产生任何影响。他的行为所产生的是一种积极的作用,对行为也有积极的影响。

所以，不愿离开自己座位的上司，往往代表了他们想要保住自己的威严，想要塑造一种居高临下的感觉。当然这种情况也需要酌情分析，有的上司职位过高，他的职位让他不离开座位办公，这种情况另当别论。对一些职位级别不高，却习惯不离开座位，只将员工叫到自己的办公室下达指令的上司，证明他们的领导阶层意识强烈，并且十分看重自己的地位，同时对自己的领导能力缺乏自信。

作为部下，也许你不能够改变上司的这些行为，但是可以通过他们的行为来推测他们的心理状态。一般情况下，如果上司习惯叫员工到自己的办公室里来下达指令，这通常意味着他们希望自己的命令是不被反驳的。也意味着他们是在下达命令，而并非是跟员工们商量命令如何执行更好。

> 身处职场，我们也许不能够改变上司的行为，但是我们可以通过推测他们的心理活动来进行判断。至少在我们向上司提出一个要求的时候，可以判断他们是赞同还是反对。

如果是这种状态，也通常认为员工的反驳显得微不足道。并且，上司们不希望自己的命令受到反驳。

常见的例子是，如果部下将写好的项目计划书拿给上司。倘若上司将部下叫到自己的办公室里来询问情况，可能说明他虽然对计划书有些兴趣，但兴趣不是很大，或者说他对这个计划书的信心不足。反之，如果上司直接走到部下的身边对计划书的细节进行询问，则说明上司对这个项目十分感兴趣，有想要实施的打算。

心理学对人的行为意识的分析，能够反映出人们的一些潜在的心理活动。通过对不愿离开自己座位的上司的分析，员工们可以通过他们的行为来判断他们的心理活动，同时可以判断在向上司提出要求的时候，他们的兴趣究竟有多大，是会拒绝还是会同意。通过这些方面的判断，员工们可以更好地推测上司的心理。

如果他们没兴趣，我们也不必过于强求。通过对上司性格和做事方式的心理分析，可以更好地跟他们相处。对不愿离开自己座位的上司，我们不必对他们产生太多的敬畏心态，在跟他们沟通的过程中，也可以找到更好的相处方式。至少，当他们下达命令的时候，我们不需做太多的反驳，因为他们既然不愿离开座位来下达命令，正是说明了他们希望自己的指令不可抗拒。反之，当从不离开座位的上司来到你身边询问相关信息，那可能代表他们对你的方案或者工作能力感兴趣，这个时候，不妨把握好时机，好好表现。

无聊晃腿，焦躁不安的上司

大部分的人们非常在意自己的脸部表情，尤其是在职场生活中，他们会十分有意识地去控制面部的表情和头部的姿势。并且他们会通过一些操练来改变自己的面部表情。职场需要专业、严谨的态度，因此职场人士会让自己的表情往这个方向上靠拢。

作为上司，他们更加喜怒不形于色，他们会假装若无其事的样子，会有表达反对态度的眼神，甚至会强颜欢笑。可是除了脸部的表情之外，身体还有别的部位能够展露出内心世界。比如，晃腿的动作十分常见，尽管脸部表情依然十分平静，但是通过晃腿，也能看出一个人的情绪。

心理学上认为，人们的腿部是丰富的信息源。通过腿部的动作能够准确地泄露人们的内心秘密，这是因为，大部分的人对腿部的动作并不是十分关注，因此他们不会考虑去掩饰或者伪装这部分的肢体动作。正是因为如此，人们的情绪状态通常都会在腿部得到更好的展示。当一个人想伪装自己的焦躁不安的时候，也许他的脸上和肢体上确实没有太多的动作，但是他会有晃腿的表现。如果他的双腿一直微微地晃动，这就说明他看似镇定自若的外表下，内心却十分焦躁不安，或者想要逃避这种情况。

　　某公司的效益下滑很快，关于公司倒闭的传言也开始流传开来。但是在会议上，老总却已然镇定自若，要求员工们认真工作。

　　张菲作为人力资源部的经理，她想知道公司究竟处于哪种情况上，但是老总却依然保持着居高临下、临危不惧的态度，她也摸不到深浅。

　　重要的是，有一家大型公司想要挖张菲去他们那里担任要职。张菲想离职，但是摸不清公司的态度。

　　一天下班后，张菲说要跟老总谈一谈。

　　张菲开门见山，跟老总说了关于流传公司要倒闭的消息，以及业绩下滑的情况。

　　老总面无表情，对张菲说那些都是传言，公司现在运作正常，很快就会有资金到来。

　　老总也希望张菲能够继续做出成绩来，对她进行了一番勉励。

　　在跟老总交谈的过程中，张菲也注意到，尽管老总的表情和语调都没有太大的改变，但在这个过程中，老总的双腿却一直微微晃动。

　　最后，当张菲还希望继续问下去的时候，老总却找了理由将她支开了。

　　张菲离开的时候，微微回了下头，她看到了老总脸上的表情有些焦躁不安。

　　张菲觉得，既然如此，那么还是先想好后路吧。于是她跟那家想挖她的公司说，下个月她会去上班。

　　张菲走后不到三个月，就听说该公司倒闭了。张菲感到十分庆幸。

　　不难看出，在这个过程中，尽管张菲的老总依然保持平静，但实际上他还是泄露了内心的焦躁不安。他频繁地晃动双腿，这并非是无聊，这种在心理学上无意识的行为正是反映了内心的不安情绪。也许有的人会把晃动双腿认为是人之常情，但是心理学曾经就此做过测试，发现这种举动并非是无聊之举。

　　心理学上就晃动双腿做过测试。心理学家要求选定的职场经理们在情景访问中撒谎,并且尽量要把谎说得令人信服。测试结果发现,凡是邀请参加测试的经理们,不论男女,他们在撒谎时腿部下意识的动作会显著增多。

测试中发现,大部分的职场经理由于见多识广,他们在撒谎的过程中都会控制自己面部的表情,甚至还会控制手部和身体的姿势。但是他们唯一忽略的就是腿部的动作,甚至,他们对自己腿部的动作浑然不觉。心理学家保罗·埃克曼指出,当人们说谎的时候,腿部的肢体动作会增加。那些腿部晃动的人们,他们也许正在说的事情是个谎言。

腿部动作在人类进化过程中有着重要的作用,通过腿,人们可以走向自己想要的东西并且远离自己讨厌的东西。所以这也是心理学上所认为的,人们的双腿能够反映和显示他们的内心动向。人们可以通过观察别人的腿部来知道对方的心理活动。

当跟人交谈的过程中,倘若对方的双腿交叉,则显示出他们保守的姿态,代表着对事情没有把握;反之,叉开的双腿,或者没有交叉的双腿,则展现出对方开放的态度,或者说对方处于支配的地位;而双腿微微抖动,则说明对方情绪正在变化过程中,有些焦躁不安,想要逃离这种情境。

心理学家也认为,这也是为什么大部分的上司觉得只有坐在办公桌的后面才会感觉到更加舒适,或者说在谈判桌上,只有盖住下半身他们才觉得谈判更有信心,这是因为办公桌能够隐藏他们的下半身,也遮盖了他们的心理活动。

人在紧张的时候,很多不受自己控制的动作就会随之出现,这其中就牵扯到了自己的心理活动。比如在职场谈判中,为了缓解紧张情绪,但是又不能传达出紧张的信息,于是人们可以通过晃腿来缓解。频繁晃腿,也正是表明了内心极为焦躁。因此当上司有这种动作时,就可以猜测他现在的心理活动,也许是对新的项目没有信心,也许是不想回答这些问题。

上司晃腿并非是无聊之举,也并非是他的习惯。尤其在重要的事件上发现上司晃腿,可以猜测他现在内心有些焦躁不安,这并非是无稽之谈,是经过心理学家反复认证的结论。人们常常可以控制面部的表情，甚至可以控制身体的动作和姿势，然而，往往忽略了腿部的动作。

当人处于集中精力的状态下，或者处于紧张的状态下，双腿的动作会发生变化。而职场人士就可以通过这些变化来推测上司的心理活动。

比如，他过于频繁地晃动双腿，很可能是他对你的谈话不感兴趣，或者是他不想答应你的要求。这时，下属也可以通过上司的下意识的动作来给予适合的回应。

笔在手上转，上司很无聊

常见到这种情况，开会的时候，上司习惯性地拿着笔在转；或者上司在看文件的时候，也会拿笔在转；甚至，当上司什么都不做的时候，也会转笔。这难道真的是上司的习惯，或者是上司感到无聊？其实不然，这种下意识的行为往往代表着他们真实的内心活动。

学生时代转笔可能只是为了好玩。上课下课，随处可见学生们拿笔在转动，甚至会相互比拼转笔的技巧。然而，在职场中，发现上司转笔，这肯定不简简单单只是为了乐趣。

心理学上认为，人们转笔的时候大都是思考更为深入和专注的时候。通过集中一个连续性的小动作，代表了内心正在专注思考的方面。所以，当你对着上司做报告的时候，恰巧他一边听一边转笔，千万不要认为他没有兴趣，实际上他很有兴趣。或者说，他一边听报告，一边思考方案。

赵阳跟他的上司谈论新的策划案。赵阳滔滔不绝地阐述自己的意见，上司一言不发地听。在这个过程中，赵阳发现上司不自觉地转起笔来。赵阳以为自己的策划案没有引起上司的兴趣，导致上司感到很无聊，所以才转笔。于是，他就丧失了继续滔滔不绝的激情，心里开始有了不安。

上司见他说完，就开始问一些问题。在此过程中，上司依然漫不经心地转着笔。

赵阳以为上司随口问问罢了，于是在回答方面就显得有些一笔带过。

最后，上司说要想一下，就让赵阳先离开。

赵阳出门的时候，满脸的沮丧，看来这个策划案是没戏了。哪知道过了段时间，上司又找到了赵阳，继续跟他谈策划案的事情，并且不断询问他问题。赵阳在回答的时候，上司依然不停地转笔。

但由于是上司第二次找赵阳，至少说明他已经很重视，于是这次赵阳不敢怠慢，将自己的理解完整地表达出来。

过了几天，上司下达命令，执行赵阳的策划案。

所以，千万不要以为上司转笔只是为了打发时间，或者因为话题太无聊，借此转移注意力。因为，转笔是一个人精力集中下意识的动作，是心理行为的一种表现形式。人们通过小动作来反映内心的活动，据心理学上研究说，当人们集中精力思考一件事情的时候，通常会表现在连续的小动作上。当他进行深入思考的时候，手上的动作也会不自觉地变得更加频繁。

转笔的现象十分常见。人们也会发现，转笔在学生中出现不仅仅是一种好玩的事情，有些时候也是他们集中精力思考问题时一种下意识的动作。这就好比，当人们正在读报纸的时候，常常会不自觉地做出一些细微的小动作。人们在聆听对方讲话的时候，常常会托着下巴，用来表示专注。

因此，转笔也是一种心里下意识的动作。对于身处职场的一些管理层来说，他们在思考的时候会转笔，在开会聆听他人意见的时候也会转笔。有人认为这是他们习惯性的小动作，并不能代表什么，但是在心理学上，下意识的行为都可能反映出一个人的内心活动。所以，想要读懂上司的心情，就要从他们下意识的行为入手。

李清是老总的助理。刚来公司的时候，每次开会或者老总跟她下达命令，都会不自觉地转笔。她原本以为这是老总的下意识的小动作，或者是有时候感到无聊的小动作。但是后来她发现，老总常常看着一个策划案发呆，然后不停地转笔。

这个动作持续一段时间之后，老总就决定这个方案是可行还是不可行。

或者在跟人谈话的过程中，老总也会转笔。她原本以为老总对谈话内容不感兴趣，但等到来人走了之后，老总却发表不少议论，明显对谈话很感兴趣。

李清终于明白，原来老总转笔并非代表他无聊或者对谈话不感兴趣，这反而是他专注思考的表现。

摸清了这个规律之后，在传达老总的意见方面，李清越来越得心应手。

由此可见，老总转笔并不代表他感到无聊，更不是对谈话不感兴趣。这是他下意识的心理行为，反而代表着他对你的谈话内容已经很感兴趣，并且已经在积极地进行思考。

想要读懂上司心理究竟在想什么，其实没有那么困难。想知道他是否对你的谈话内容感兴趣，实际上通过他转笔这个小动作就能够看出来。心理学上认为，通过一个人重复连续的小动作，恰恰表明他此刻的精力专注。

身处职场，我们常常希望弄明白上司究竟在想些什么。尤其是当我们跟上司对谈的时候，不知道上司是否对我们的谈话内容感兴趣，不妨看看上司的转笔行为。在心理学上，人们这种重复连贯的小动作往往透露了他们的内心，上司转笔并非是感到无聊，也不是对你的谈话内容一点兴趣没有。相反的是，他这种行为正是代表了他对你的谈话内容十分感兴趣，并且他已经就你的谈话内容进行了深入思考，思考是否可行。

不论上司是拒绝还是赞同，他都已经对此进行了深入思考，有了自己的判断和认识。倘若职场人士能够读懂上司的这些心理行为，很显然他做事就容易多了。

四、看懂心理认清客户

一些工作性质决定了某些人的交际接触面，比如卖场销售、项目合作、产品推销、拉单业务员，等等，对于他们来说，老板重要，同事重要、上司重要，都不及客户重要。客户直接影响着以业绩为生的人的生杀大权，银行卡里的数字翻得有多快，就要看客户在订单上签字有多爽快。

高额的成交量，靠的不是运气，而是技术。与客户打交道，难就难在他不尽然是你熟悉的人，所以想法、思维方式都不好捉摸，但如果你懂得将微反应读心的技巧应用进去，就会达到意想不到的效果。

想客户之所想，尽可能让客户的想法在你面前透明化，那么便成功在即了。

点头如捣蒜的客户

在与客户沟通的过程中，如果你的谈话让客户过于频繁地点头，点头如捣蒜，那么，你就要注意了。

这便是一个危险信号——客户听烦了。

一个保险推销员得知一个企业要为一批新进正式职员购买保险，于是提前预约，希望可以借此机会说服企业老板选择从自己公司为员工办理保险项目。

93

比预约时间提前到达，这时他才发现，休息室里已经有几位在等候。根据直觉，那些应该都是业务员。

待到里面的被接见者出来后，终于轮到自己了，他一遍遍地在脑海里想象着如何充分地表达自己的竞争力，让老板充分地了解自己公司的产品。

热情地寒暄客套后，他说明了来意，翻开相关的资料递给老板，然后向其解释适合员工的几项保险，以及适合他自己及其家人的一些人身、财务、养老等保险。讲这些保险的好处，讲这些保险的回报率有多么高……

客户并没有说话，只是低头看着资料，不停地点头。

他想：看来他对我们的产品印象不错。于是，更加滔滔不绝。

有些意外的是，老板匆匆下了逐客令："今天就谈到这儿吧，下面我还有个约见，你把资料留下，有意我会再约你。"

本以为十分有望，但最终却是无尽的失望。客户从此没了音信。

其实，结果在一开始已经注定了。如果能够早早地读懂客户的心思，也许还可以扭转乾坤。

但显然，他错会了客户的心思，浪费了时间与精力却没能换来想要的结果。

在此之前，客户显然已经接待了多位业务人员，不乏一些同行，刚开始也许他可以认真地沟通，但多个阐述的内容大同小异，均是以夸赞个人推销产品为主要内容的谈话，对于他来说已经没有了吸引力。

可能是出于礼节与尊重，所以不好意思在谈话之初就提出"报价单给我，你可以走了"，也可能期待着后继的谈话中会有转折，出现他更感兴趣的话题，但在这之前，这是一种敷衍的态度。

所以，如果像故事中的业务员一样继续下去，谈 10 分钟与 30 分钟，结果都是一样的。

因此，在与客户沟通过程中，不要只是自顾自地说自己的，也不要只是笼统地观察客户的大概反应，而是要观察入微，从一些细节与微反应中来洞悉客户当时的心理状态。

不妨细分析一下:对于你的谈话客户虽然点头如捣蒜,但却没有积极回应、参与对话,甚至没有与你的眼神交流。这前后其实是矛盾的。

首先,点头。点头看似是在认同你,是对你谈话的一种肯定,从这一点看来客户对于此次谈话的反应似乎是积极的,但其他反应却揭露了他消极的态度。

其次,不作回应。这并不是因为过于认同而没有问题可提,而是不想费无谓的口水,沉默的同时他可能已经在想其他的事情,比如工作安排等,这样便一举两得,既给了你尊重,也不浪费自己的时间。

最后,没有眼神交流。这是一种人在回避或逃避某种事物时的自然反应,不愿意与回避、逃避的对象进行眼神接触。

所以,当这几个矛盾的反应分析叠加到一起,便可以得出一个结论:频频点头是因为反感,所以想要尽快结束对话。

这个时候就需要及时发现这个危险信号,及时改变谈话策略。

同样是一个保险推销员,他在为客户讲解保险类目及相关细节时,发现客户虽然不断地在点头,但却一直保持沉默。

保险推销员见状,便把话锋一转,讲起了近期的一场事故。

"这两天您看本地新闻没?一个孕妇在公园散步,没招谁没惹谁,竟然被车撞死了。"

"是啊,太惨了,孩子已经 6 个月大了,眼看就要做妈妈了。"

"是啊,谁遇到这个事谁倒霉啊,一失两命,老婆孩子都没了。"

"又是酒驾惹的祸,司机喝酒了,冲进公园里乱撞一通。"

"是啊,现在这世道,太乱了。还有之前我看到的一个新闻,一个男的因为失恋了,就拿着刀到小学门口对着无辜的孩子们一顿乱捅,死了好几个。真是啥人都有。我老婆当时看了就想把遥控器砸到电视机里那人的脸上,激动得要命。"

"是啊,当父母的最怕看到这种新闻。当时我也紧张了好一阵,全家轮流去接送孩子，一直送到孩子进了校大门。"

"唉……你不找事，事找你。就拿开车来说，您开车技术一流，也架不住别人技术烂，甚至无证驾驶。您再小心翼翼，架不住那些酒驾、失心疯。您呀，在不在我这里买保险无所谓，其他公司也可以，我觉得现在应该普及的就是人们的保险意识。有时候不怕一万，就怕万一，万一事情找上自己，逃不开，最好能将伤害降到最低。"

最终，客户还是选择为全家购买了一系列的人身安全保险。

从客户的微反应中读懂客户的消极反应后，就要立刻做出决策，不要等客户下了逐客令之后再临时想办法挽救。

当发现客户对待这场谈话的态度是敷衍、厌烦时，不妨立刻结束正在进行的谈话，因为已经没有继续谈下去的必要了。对待客户，给你利益的上帝，自然不能就此放弃，应当另谋他路，改变谈话方式。

最有效的谈话方式自然是能够激起客户的兴趣，促使客户共同投入谈话。

显然，故事中的保险推销员拿捏得很好。当他发现客户的消极态度后，他首先断定客户可能是不相信保险，或者像大多数人一样，觉得保险是个可有可无的没必要的产品，只会让支出的钱打水漂。于是，他话锋一转，闲聊起一些贴近生活的新闻话题。

当然，这些话题都是有目的性、针对性的，一些安全性的新闻贴近人们的生活，更能引发客户的共鸣。

后来的谈话内容显然已经触及了客户敏感的神经，同时也有效地让他联想到了诸多"我不犯人，人犯我"的一些意外伤亡事件，这更加让他确信了：安全不是你100%的努力就能换回100%的安全，而且即便是每个人都达到100%的努力也未必能让这个社会100%的安全，因为总有一些称之为"意外"的事故，谁也不想，却真真实实的发生了。更何况别人的安全意识是自己所控制不了的。

这样一来，客户自发地便坐到了保险推销员的位置上，开始"自我说服"。

因此，在遇到类似情况时，不能单一地将点头这一反应解读为"认可"，而要更多地发觉一些微妙的反应结合点头这一反应来综合分析，才能更为准确地把握到客户的心理状态。

客户为何突然整理领带

通常情况下，整理领带是一种紧张的表现。当人紧张时，呼吸道就会有不适感，尤其是在穿着有领衣，或是被某种东西束缚时，更是会感觉喘不上气来，希望可以通过大口大口地呼吸来缓解这种紧张感、压力感。

为了一个合作项目，王清与客户商谈具体细节，之前都相谈甚欢，十分顺利。直到最后商谈价格的环节，双方才产生了分歧。

"您这个价格压得太低了，我们根本做不了。这样吧，我可以再承诺给你让出 1 个点，真的不能再低了。"面对客户的压价，王清尽可能地为自己争取较高利润。

客户沉默了几秒，然后说："这样吧，各让一步，再让 2 个点，我们就成交。"

客户一边说着，一边整了整领带。

这让王清犹豫了，虽说客户压低了价格，但总的来说还是有利可图的，加之客户似乎下了最后通牒，他怕自己再一味地坚持，客户退而求其次，找其他比自己报价低的竞争对手合作，那自己就会丢了这个项目，那样就一分钱也赚不到了。于是，他最终决定答应客户的提议，按照客户最后的提价成交。

"好吧。只希望初次合作愉快，可以为以后共同发展打个铺垫。"

客户听后，先是果断地呼了一口气，然后一脸不悦地说："唉，其实这个价格真的不是我理想的价格，不过看在和你投缘，也懒得再去和别人折腾了。"

这看似一场紧张而顺利的商业谈判，表面看来，王清似乎赢得了初步的胜利，尽可能地从客户那里争取到了最大的利润。

事实上呢，他并没有完全触及客户的底线，以客户能接受的底线价成交。

当王清表示"您这个价格压得太低了，我们根本做不了。这样吧，我可以再承诺给你让出 1 个点，真的不能再低了"，客户先是沉默了几秒，然后才表示"各让一步，再让 2 个点就成交"，这里的沉默其实是在思考，思考还价的限度。

王清认为这是客户下的"最后通牒"，其实非也，这是客户在做"试探"。

他一边说着这句话，一边整了整领带，表示他很紧张。如果他真的是想着大不了退而求其次，找其他报价更低的公司合作，其实没必要如此紧张。他之所以这么紧张，是因为他内心十分纠结，对王清公司较为满意，有合作意向，所以当王清说"不能再低了"时，他做出最后的压价，其实是想做最后一搏，紧张是因为在等待回复时的忐忑不安。

所以，客户紧张，是因为在他看来自己的这次压价也的确冒险。人不会对胸有成竹的事情紧张，只会对没把握的事情紧张。因此也可以说，紧张其实也是一种已经做好了被拒绝的准备的表现，正因为想着被拒绝的可能性大，成功的希望很渺茫，所以才更紧张。

从王清答应了自己的提价后，客户呼了一口气，这个反应也侧面证明了紧张的存在。人在紧张时呼吸频率也会变慢，当得到自己想要的答案时，便会下意识地松一口气，来缓解内心的紧张感。

接下来客户的反应又恢复成为一脸不悦，便是在"装腔"了，就是我们常说的"得了便宜还卖乖"。这么做是不想让王清看穿自己。

尤其是在与客户谈判的过程中，每一步的决策都决定着最终的利益，一步走错，可能就错失一笔单子，甚至损失大利润。客户整理领带也是一个重要的信号，及时抓住他的紧张情绪，解读他内心的真正想法，及时做出决策，让步或者不让步，才能在谈判中稳立主导地位。

手指动作出卖了他的谎言

手指是人们惯用动作中常用的一种，比如说话的时候会独伸出食指指来指去，尤其是在表达"你"、"我"、"他"、"这里"、"那里"等具体指向性的词语时便会习惯性地用手指来辅助自己的语言，让自己的指向更明朗些。

一个商场采购部的杨经理与赵西有长期的合作，从两次续约就可以看出，杨经理对赵西以及其产品的满意度了。所以，几年来，他们一直合作得非常愉快。

近期，眼看合作期又快满了，赵西又去找杨经理想续约，却不料杨经理想终止合同。

"为什么呢？我们不是一直合作得挺好的吗？"

"以前是不错，可是近期我们这边收到了许多投诉。"杨经理似乎有些生气，眼睛盯着赵西看，右手握拳用食指用力地指着自己的右边。

"怎么回事？"

"怎么回事我还没来得及过问，不过其中十有八九都是关于你们的产品的。在查明原因之前，我们必须停止和你们的合作关系。"说着，他又不禁用右手食指指了指自己的右边。

"那什么时候才能够查清楚。"赵西问道。

"回头有结果我再通知你吧。"说着便站起身来，赵西只好也随着站起身来，结束了这场谈话。

几天过去了，赵西没能等到杨经理的电话，主动打电话询问调查结果，也总是找不到杨经理本人。等到他亲自找到杨经理当面问时，杨经理却说已经和别家签约了。

"我也不想的，可是货物需要及时补齐，对此上面也催得紧。你们投诉那么多，肯定暂时用不了，我们只好用了别家应应急。可能这几天才有时间调查具体情况。"在说到你们投诉那么多时，他又不自觉地做出了那个手势，用手指指向侧边。

其实，采购部杨经理的反应已经数次出卖了他的谎话，这个反应就是他频频用手指指向身体侧边的这一看似不经意的动作。

一个人在表达肯定性的语言时，手指却指向别处，这便是心虚的表现，是说谎的征兆。

如果一个人说的话是事实，那么他的手指的方向和眼神的方向应该是一致的。

所以，如果赵西能够懂得与人交际中的读心技巧，读懂杨经理这一微反应下的真实，就不难分析出：也许并没有什么投诉，即便有也不像他说的那样"十有八九都是关于你们产品的"，他只是想以此为借口来推托续约。

> 及早发现客户的谎言，就可以尽早想对策，做出补救。当然，如果要继续谋取利益，就不能直接地戳穿客户的谎言，不然只会引得双方都尴尬。

直到赵西找上门去询问调查结果，他也仍未调查，并再次做出手指指向侧外边这一出卖他谎言的手势，这表示他根本就没打算去调查。而且，事已成定局，如果赵西坚持要结果，他可以随意再找个借口来打发，比如失误，等等。

可以侧面、委婉地暗示客户你已经知道了事情有猫腻，告诉客户会积极配合调查，不管是不是自己产品的原因，一定会慎重处理。与此同时，时间上也不能放松，不能给他与其他竞争对手签约的机会，可以在第一时间侧面打听"合作这么久了，你们对我们的合作有没有什么新的想法"，听听他的想法，然后分析是他个人不想和你合作，还是公司不想和你合作，然后才能对症下药。

为什么他的腿抖个不停

很多人都会有抖腿的习惯，而且这个动作在长辈们看来，也是一个不好的习惯，对此民间就有一种说法——"男抖穷，女抖贱"。

抖腿其实是个十分常见的动作，比如有时我们会在家里一边吃饭一边抖腿，坐沙发上一边看电视一边抖腿，和家人、朋友一边聊天一边抖腿，坐公交车上一边玩着手机一边抖腿……而且，有时人们抖腿往往是下意识的，不自觉的，连自己都没有发觉。

专家认为，抖腿的原因有很多，一种是生理上的病症，无法自控；另一种是心理或行为上的习惯，觉得这样舒服。

抖腿，这一动作较常发生在日常生活中，在一些正式场合很少会发现这种动作。毕竟这种动作难登大雅之堂，给人一种轻浮、躁动的感觉。

但是，如果在与客户打交道的过程中，发现客户当着你的面却不停地抖腿，这是怎么回事呢？

有两种情况，以下举例说明。

古时候，一个商界的后起之秀找到一个资深的老商家出谋划策，将自己新策划的一个发财项目共享给他，希望可以财力、人力互补，有钱大家一起赚。

后起之秀本以为老商家应当是颇具儒风的商人，谈话之初也确实是这样的印象，却不曾想，谈话中，每每到了紧要之处，老商家就不停地抖腿。

说来也怪，后起之秀原本下足了准备工夫，决定好好和老商家斗斗嘴，为自己尽可能多讨一些好处，比如利润分配、技术交流等。

但是，在实际磋商过程中，后起之秀却总是显得心不在焉，心猿意马。显然，他没有发挥好，被老商家步步紧逼，占尽了便宜。

这是第一种情况：战术。

尤其是在商业谈判中，不停地的抖腿，这种明显却不经意的动作会扰乱对方的视觉，从而搅乱了心智，特别是对于那些从商经验尚浅的新人来说，即便再从容镇定，也很难不被眼前不停跳动的事物所干扰。

总监突然驾到办公室，原本嬉闹的、打电话的、发短信的、玩微信的、网游的……全都顿时收了声势，一个个规规矩矩地坐在那里。

总监进来后，先是用目光环扫了一周，将整个办公室情况尽收眼底，每个员工都是一副全神贯注、辛勤工作的样子。

接着，他走到其中一名男职员身边，突击对其进行了检查，果然，上午4个小时，下午1个小时，5个小时的工作时间，他的工作成绩却甚少。

"一看就知道你没好好工作。公司不养闲人，这次警告处分一次，如不悔改，就交由人事部处理。"说完总监便离开了。

"我怎么就这么倒霉啊，大家都在装，怎么一检查就随机抽到我了呀！"男职员抱怨道。

这时，堪称总监心腹的助理小王神秘地说道："你以为检查你是随机的吗？"

"不是吗？"

"不是！是因为你表面装得认真，可是腿在桌子下面却不停地抖。"

"抖腿怎么了？抖腿能说明什么问题？单凭抖腿就能衡量一个人的工作认真程度啊？"男职员有些不服，但同时也下意识地看了看自己的腿，他在抖腿，刚才紧张得连自己都没发觉自己在抖腿。

"当然有问题了。总监大学念的可是心理学。他曾说，一个人在全神贯注做事情的时候是不可能做抖腿这样的小动作的,精神的高度集中会让他的肌肉、神经都紧绷起来。而抖腿是一种放松肌肉、神经的动作,通常是人在无聊的时候才会做的动作。"小王说完,接着诡异地笑了笑,"看在上次你请我喝咖啡的份儿上,这次算给你个温馨提示,让你知道你是怎么死的。你要不改掉这毛病,下次还是你!"

这是第二种情况:不专注,无聊。

这种抖腿是没有任何意义的。故事中的男职员在面对领导视察时,临时装做认真工作,并没有完全地进入工作状态,眼睛也许盯着文件、电脑,但心思却不在工作上,心里想着领导"会逮着谁"、"会不会逮着自己",于是,越想掩饰自己,就越想装得自然,腿便不自觉地像平常那样抖起来。

抖腿,可以缓解人的心理紧张、焦虑、不安、狂躁等不良情绪,可以适量地释放心里的不安,因为这可以分散人的思维注意力。同时,抖腿这一动作在与人交流时,也可以很大程度上影响到对方的情绪,它可以引发对方的不安与躁动,也会分散对方的思维注意力。

因此,在面对客户时,如果发现客户不停地抖腿,首先要理智地告诉自己冷静下来,不要被眼前这种跳跃抖动性的动作吸引了注意力,从而分散了应该关注在事件上的注意力。然后再冷静分析,抖腿动作是客户故意使用的战术,还是自己的谈话让客户感觉到无聊透顶,不愿认真听。

下意识地摸耳朵

摸耳朵这个小动作最常发生的情景有三种。

一是烫伤了手指,下意识地首先捏着自己的耳垂,来减轻痛感。

二是在男女间调情时，也喜欢摸对方的耳朵。据说人的耳朵也是激发情欲的敏感部位之一，所以一些情侣之间常常会在表达暧昧或亲热时互咬耳朵。

三是在谈话过程中，听到不想听的内容而摸耳朵，以此来防止不想听的内容进入耳中。

一个老师在训斥学生。

"你的成绩怎么总是提不上去？你自己就不找找原因吗？"

学生低着头坐在老师对面，不经意地歪着头，用手不停地拨弄着自己的耳朵。

"问你呢，你自己有找过原因吗？"

"我也不知道。"还是在不停地摸自己的耳朵。

"你这样下去，升学考试根本过不去。我是为你好，才这么苦口婆心地一遍遍地不厌其烦地给你讲道理，提醒你，希望你觉悟。如果你再这样下去，几年以后，尤其是你步入社会以后，你一定会后悔的……"

老师的确是苦口婆心地讲着，学生还是一脸茫然或者说十分从容地听着，玩弄着自己的耳朵。

这个情景中，学生频频地触摸自己的耳朵，拨弄自己的耳朵，似乎把自己的耳朵当成了一件玩具，玩弄着，像在打发时间一样。

显然，老师并没有发觉学生的抵抗情绪，依旧苦口婆心地一遍遍地讲述着。

的确，表面看来，这个学生不断地摸耳朵，低着头，好像是在反省。其实，他只对于已经听了很多遍的"思想教育课"反感透顶了。但是碍于师生关系，他无法采取最为直接的方式来表达自己的反感，所以他只好听之任之。

但是，作为老师，应该从学生拨弄耳朵这一小动作看出些端倪，了解到自己的谈话对象身体语言所反映出来的心理状态。他的小动作的潜台词是：真是听够了。烦不烦啊，一遍遍地讲。

当受到较为亲密的人的批评时，一些成年人还会选择挖耳朵、揉捏耳垂、用巴掌整个捂住耳朵等动作来表达抗议。

同样的道理，在与客户交往过程中，如果发现客户下意识地摸耳朵，就要引起一定的注意。也许你的产品介绍过于乏味，从竞争对手那里他已经听了很多遍了，而此时你的介绍就变得毫无新意、吸引力，令人感觉乏味；也许，他想要插话，却不好意思打断你说话。所以，这个时候不妨暂时停止说话，把主动权抛给对方，满足对方插话的需求，与此同时也可以再思考一下，换种表达方式，调整策略，如何让自己的谈话更有趣一些。

四处张望为哪般

在对客服务过程中，就待客方而言，自然是希望可以更多地接触到客户的目光，因为只有抓住客户的目光，才能进一步抓住客户的心。

所以，尤其是作为一名销售人员，在滔滔不绝地为客户讲解时，客户却四处张望、左顾右盼，这不仅会令自己因为感觉没受到尊重而失落，更有一种拿捏不住客户想法的感觉。

一个大型的建材卖场中，墙砖地砖销售员小盂热情地接待了一位顾客。

"家里正在装修吗？"

"是啊。"顾客连抬眼瞧都不瞧小盂一眼，淡淡地回道。

"现在装到什么程度了啊？今天就确定要定下来吗？"

"定不定，先看看再说。"顾客仍旧自顾自地穿梭于样板之前，一会儿摸摸釉面，一会儿远远地审视着花形与整体效果。

"你想要什么价位的？我可以有针对性地给您介绍。"

顾客这才扭头看了销售员一眼，没有回答，然后继续看着。过了好一会才回了句："价钱，东西，不可能分开考量，都要考虑在内。我不是看价买东西的人，关键得我喜欢，综合考虑。"

小孟只好继续跟进，顾客走到哪，就跟到哪，希望在他遇到问题的时候，能够及时地给予讲解。

最终，这位顾客将偌大的卖场转了个遍，没句交代便离开了。

这让小孟有些纳闷：转了这么大半天，左看右看的，是没相中，还是压根没打算买啊？白浪费半天工夫陪他转了这么大半天。

> 如果在购买行为中，客户四处张望，自顾自地选看产品，往往可以将这个动作理解为：自主性强，目的性强。个时候就不要过分热情地贴上去服务，否则会让其觉得失去自主性，没有自由，想逃开。

这类客户就像鸡肋，想吃，却感觉他心不在焉，不尊重你对他的谈话，不吃，又怕错悟了他的想法，错失了一笔业绩。可谓是想丢丢不得，想好好做却又无从做起，心里没底。

其实，从刚一开始该顾客对销售员小孟的冷漠以待，不予目光对视，只停留在别的地方，这就已经给了小孟一个信号：顾客并不期待你的服务与介绍，至少在他没有主动问你之前。

之所以在小孟问出"你想要什么价位的？我可以有针对性地给您介绍"时扭头与销售员对视了一眼，其实也是在表达自己的不满。因为这个问题在这位顾客看来可能有些荒诞，从顾客的心理角度出发，他会这么想：如果我说得贵了，你肯定把我当冤大头宰，拿捏准了我的心理价位，报价时你就有分寸了，每块砖多报几块钱，一趟算下来就多出了好几千，甚至近万。如果我说得便宜了，肯定净带着我看次品货了。

所以，这个问题他是不愿回答的。

之后的补充回答其实就是在表达自己内心不满的情绪，并没有给予能够让销售员参考的实质性答案。

所以,销售人员没能剖离出有效的信息,及时做出指导或参考,只能继续跟着顾客转悠。

再者,顾客的四处张望其实并不是漫无目的的张望,相反,这是一种目的性很强的表现。在这种情况下,销售人员应该考虑到:顾客是不是已经有心仪的花样,加之顾客从不发问,自顾自地寻找,摸釉,审视,很可能他对瓷砖略懂一些,所以想要或自认为可以自行判断好坏,不需要讲解。

了解了这些信息后,销售员完全可以放任顾客,让其自行挑选。这一类自主性很强的人,很难听进去他人的提议,所以,他不问你,多说也无用,但是,他一旦主动开口向你询问,往往表明他有很高的意向。

如果是发生在与客户的业务洽谈、谈判过程中,客户四处张望,则可以理解为:不在状态,心不在焉,或者是不耐烦。不管他刻意地还是不自主地无法专注于谈话,都没必要再继续进行下去了。

如果是不自主地心不在焉,则可以另选时机,在客户情绪好的时候再作商谈;如果是刻意表现出来的不耐烦,解决的办法就是找出引发客户不耐烦的原因所在,调整谈话方案,引发客户的注意力,将客户的目光吸引回来。

客户为何总是摸鼻子

很多小动作看起来很平常,似乎是没有什么特殊含义,是人们习惯性的、无意识的身体反应,但越是如此,就越是能够真实地暴露出人的真实情绪与想法。

尤其是一些无意识的小动作,是人体在对事物做出反应时所来不及掩饰的动作,从这些无意识的微小动作中,便可以看出一个人潜意识里的真正想法。

比如"摸鼻子"这个小动作，蕴涵着大学问。

业务部的一个新手向负责带自己出师的一个老业务员学习做业务，老业务员给他上的第一课就是——察言观色。

"这样，你跟我去参加一个业务洽谈，先见习一下。"

到了地点，老业务员熟练地向客户讲解公司的产品以及一系列的合作条件，客户一边听着，一边抬手摸了摸自己的鼻子。

这时，老业务员便针对所讲询问了客户的想法和意见，客户有时会点点头，有时会说"还好吧"，偶尔也会一边说一边下意识地摸一摸自己的鼻子。

直到最终协议达成，成功签约。整个过程看起来很顺利，经由老业务员给徒弟仔细分析才知道，原来也是暗藏玄机。

> 摸鼻子反映人的心理状态是：掩饰，怀疑，拒绝，不耐烦。而捏鼻梁所反映的心理状态是：纠结，沉思。在谈话中如果对方闭上双睛，使劲捏鼻梁，则表示他需要十分专心的思考，从而下一个艰难的决定，所以这个时候最好不要打扰他。

老业务员说："每当我和客户洽谈时，总是会细心留意客户所做的每一个微小的动作，当然，还是要有重点的，不然左看右看，很容易到头来看花了眼也看不出个结果来。比如，就我而言，我习惯从摸鼻子这个动作来判断对方的意愿，从而做出判断，随机行事，提出最适合的提议。我讲他听的时候，他摸鼻子说明他有异议，这时不妨主动询问一下他的意见。这样也许可以从他的回答中听到他内心真实的想法。而当他回答时，如果也摸了鼻子则说明他在隐瞒真正的想法，这时便需要进一步摸索他的真正意图，不妨换个提议。到了最后的签约环节，如果客户没有摸鼻子，反而主动身体前倾往前靠了靠，则表明没有异议，基本可以确定成交。"

这种情况下，摸鼻子所表达的意思是：掩饰、怀疑、心存芥蒂。

人在下意识地想要掩饰，不想让对方看出自己的真实意图时，便会不经意地摸一下自己的鼻子。不论是在倾听过程中，还是在说话过程中。

随着谈话的深入，之前的问题如果一一得到解决，你会发现客户摸鼻子的频率越来越小了，这便是一个好的征兆。

但如果客户仍然会时不时地摸鼻子，则表明有很多问题，或是有某个他认为最重要的问题没解决，不满意，那么，交易的最终结果往往是以失败告终。

所以，在一些商务合作的洽谈过程中，摸鼻子这样一个看似微小的动作往往可以给我们一个侧面信息，让我们提前洞悉到商谈的最终结果，是成是败。

父亲带着年近三十却还没能找到工作的儿子，带着礼品来到自己以前的老领导家，希望可以托托关系，给儿子安排一个稳当的职位。

"老领导，最近还好吧？这不快过节了嘛，特意来看看您。"一进门，父亲便与老领导寒暄起来。

"我还好啊，谢谢你还能惦记着我啊。"

……

你来我往，唠了几句家常，终于才走上了正题。

父亲一脸不好意思地对着领导说："老领导啊，今天来其实是有件事想问问您，看您能不能帮个忙。"

此话一出，老领导听后一阵大笑，说道："说说吧，什么事？"

"这不，是我儿子的工作问题，总也解决不了。我儿子的学历虽然不高，可是人老实，踏实好学。您的关系广，到哪都有人给个面子，希望您可以给他一次工作的机会，不管安排个什么样的职位都可以，关键是能够给他一个学习、成长的机会……"父亲说着，领导边听边摸了摸鼻子。

"呵呵，过奖了，我这一退下来，联系的人也不多了。这事我不敢打包票，我尽量问问吧。不过，不要一心等我，回去还是得自己再找找，看有什么合适的，先干着。"领导一边说着，一边拿起杯子，喝了几口茶。

"喝茶，喝茶呀！"依旧热情地笑了笑，招呼父子俩喝茶。

回来的路上，儿子问："爸，这事是不是成了？"

"黄了。"父亲叹了口气。

"为啥？老领导不是答应问问吗？"对于父亲这么快下结论，儿子有些疑惑。

"他不会问的。你看，不说你的事的时候都还好，当我一说有事请他帮忙，让他给你找工作，他就开始摸鼻子。他一摸鼻子我就知道，这事没戏了。他压根就不打算帮你了。"

这种情况下，摸鼻子所传达的意思是：拒绝。

当你在请求别人帮忙，为自己办事情时，如果你一边说，对方在听的时候便下意识地用手摸鼻子，这个时候你就应该知趣地了解到事情已经有了结论：他帮你办事的可能性很渺茫，甚至可以解读为已经拒绝了你。

如果他一边答应你，一边摸鼻子，你也不要抱太大的希望，这是一组相互矛盾的组合，前者答应是不想搞僵局面，暂时安抚你的情绪，后者才暴露了他的真正想法。这种情况的潜台词是：先打发了你，事办不办再说。如果真来问，再随口编个理由出来就行了。

再有，摸鼻子有时也是一种"不耐烦"的表现。

如果你在和别人交谈时，发现对方频频摸鼻子，还似乎显得坐立不安一般，不断变换着身体姿势，你就应当知趣地打住，不要再继续下去了。因为对方显然已经反感了，急于结束这场对话。

需要注意的是，一个人在鼻子上做的小动作最常见的有"摸鼻子"与"捏鼻梁"，摸鼻子通常指的是摸鼻头，与捏鼻梁所反映出来的心理状态是完全不同的。

第 4 章

让谎言无处藏身：

微反应与谎言的深层解密

下意识的小动作，却往往能够反映出我们内心最真实的想法。面对谎言，我们只要看到了对方的微反应，就能一眼看穿！

洞察谎言解密图例

　　有时候语言是靠不住的，因为我们可以通过大脑对语言进行任意加工，所以谎话就是这么产生的。但是我们的身体却不会，尤其是对于事物瞬间做出来的反应，往往是人的内心最真实的想法。面对谎言，我们只要看到了对方的微反应，就能一眼看穿！

　　1. 美国科学家经过研究后发现，人的鼻子里有一种叫做儿茶酚胺的化学物质，当人在撒谎的时候，这种化学物质就会被释放出来。

　　心理解密： 撒谎的人会感觉到自己的鼻子很痒，这时就会不自觉地用手去摩擦自己的鼻子，以减轻这种痒的感觉。

　　2. 即便是最富有经验的撒谎者，他们在撒谎的时候，也难以做到和正常说话一样自如，无论语言反应还是身体反应，都会留给我们一些很明显的信号。

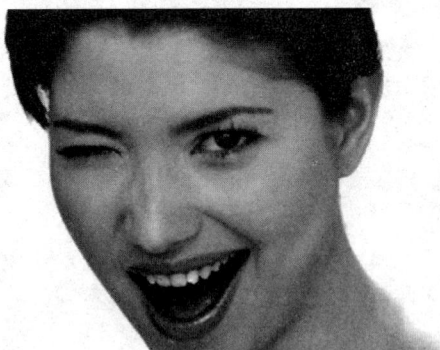

　　心理解密： 人在撒谎时，因怕谎言被揭穿而有可能会不太自然，面对这样的心理压力，语言及表情上就会露出很多不和谐表现。答非所问，就是识别谎言的很典型的语言例证。

112

3. 拉扯衣领作为一个典型的动作，多数情况下，也是撒谎的一种表现。

心理解密： 由于撒谎时心理会出现波动，会觉得脖子有点刺痒，而拉扯衣领往往就是为了减轻这种刺痒所带来的不适。

4. 眼睛是我们心灵的窗户，从一个人的眼神里能看到内心很多的复杂的想法。即便不知道心里到底在想些什么东西，但通过对眼睛的观察，仍然能得到非常多的信息。

心理解密： 有的人撒谎时，会用手摩擦自己的眼睛，力图不想让对方看到自己不安的表情。这正是想掩饰内心紧张、羞愧、内疚、慌张的表现。

一、从语言习惯看穿谎言

说谎不用打草稿，信手拈来，随口就讲。不过谎话毕竟是谎话，它始终不能和内心的真实感受有同样的反应，说谎者内心很自然会承受来自谎言本身的压力，而这种压力会不自觉地表现在我们的肢体语言上，也就是微反应。谎话有它的特征，从语言习惯上就能帮助我们辨别内容的真假。

人类为什么要说谎

说谎是人类的本能，如果将人类和动物区别开来，那么能不能说谎话肯定会成为其中的一个标准，因为一般来讲，动物是不会撒谎的，它们的语言仅仅是用来沟通，或者压根就没有语言。

谎言是不诚实的表现，没有客观、真实的再现事情本来的面貌，没有如实表达自己的内心反应。说谎的普遍性在任何人、任何行业都是存在的，有一个关于谎言的例子非常能说明这个问题。

有一个神父在弥撒节仪式做完后对他的这些信徒说，下一个礼拜天他要做一个专题的讲道，核心问题就是解释谎言。因此他让这些信徒回家后看看《圣经》中的有关的章节，就是律法书的第六章，因为这一章对谎言有很好的解读。

到了下一个礼拜天，神父问信徒："上个周日布置的任务是看《圣经》……你们有谁看了？如果看了，就举手。"

这时，很多信徒都举起了手，表示他们已经看过了，神父没有说话，不一会儿，所有人都举起了手。神父看见这种情况，叹了一口气说道，上帝啊，原谅这些人吧！这些教徒很纳闷啊，为什么神父这样讲呢。原来《圣经》中根本就没有神父所说的那一章。

例子讲的是信徒们的故事，他们一般会被认为是相对诚实的，起码在神父面前要诚实。但还是说谎了，没有例外，更何况是我们一般人在一般情况下呢？

我们说谎的目的很多，比如说为了在别人面前显示自己有钱，就说自己的这双鞋子花了几千块钱买的某某牌子的，质量很好，其实是几十块钱的地摊货，有的人则是为了自信而说谎，有的人为了自卑说谎，有的是因为谨慎起见而说谎，有的是因为羞愧而说谎，有的是因为地位名声而说谎，类型种种，不一而足。不单单对别人我们会说谎，就是对自己，我们也会说谎，阿 Q 精神胜利就是这么回事。

谎言并不总是富有危害性，但谎言总是离事实很远，离真理很远。谎言有时是一种争辩，有时是一种妥协。不管是什么场合，总能听到谎言，不管是谁，都有这种欲望和诉求。洛特蒙德是美国著名的心理学家，他曾经说说谎是人类很明显的一个特征，是人类一个十分重要的特点，是我们生活中不可或缺的重要组成部分，也可以说"说谎"是人类区别于动物的一大"成就"。据他的调查发现，在美洲和西欧，每个成年人一周要说大约十五次的较大的谎言，一些无关紧要的谎言更多。

既然谎话多数时候没有积极意义（善意的谎言例外），为什么能达到这种普遍的程度呢？

说谎的第一个原因就是娱乐，纯粹的游戏而已。人都有这种倾向，多数人很难耐得住寂寞，所以就会想尽一切办法游戏自己，游戏别人，谎话就能达到这个目的。每年的 4 月 1 号这一天你要注意了。别人说你家失火了可能都是假的，因为这一天是愚人节。

在中国，关于这种情况也有一个很经典的故事《狼来了》，故事中放羊的小孩是没有什么恶意的，再说他的年纪也不大，即便有些恶意，也是恶作剧，既没有害人的想法，也没有害人的能力。不过最终的结果很严重，所以恶作剧式的谎话最好还是少讲哦！

第二个原因是趋利避害。这是最普遍、最直接的原因，同时也是根本原因。趋利避害是人的本能。比如你的一个朋友经常向别人借钱，但是有借无还。这样的情况久了，谁都不愿意再借钱给他。这个月你的奖金刚发下来，好几千块钱。不知道他从哪儿得到这个消息了，就来向你借钱，如果借出去了，就会有收不回来的危险，所以你会怎么讲呢？

估计会说："真不凑巧，我的钱刚刚被别人借走了，现在身上也没钱了，实在不好意思。"这就是趋利避害。不过，虽然你不愿意借钱给他，会跟他说："你老是借钱不还，搞得我们都不敢借钱给你，你知道吗？""真是的，以前借我的钱还没有还呢，现在又跑来跟我借钱？不借！"大多数情况下是不会的，因为那是对你不利的。

因此，人类说谎是一种本能的利益驱使，也是人性中的一个特性，为什么喋喋不休地说谎呢？简单说，人有说谎的需求，因为谎言有娱乐的效果，也能趋利避害！

微反应与谎言

谎言无处不在，无时不在。对于说谎的人而言，谎言是保护自我的一种武器，对于听到谎话的人而言，谎言是让自己对他人、对社会产生不信任感的元凶。

事实是，每个人都不喜欢听到谎话，甚至痛恨谎言，但却或多或少都说过谎话。更为确切地说：每个人每天都至少会说一个谎言，多则数十上百。

　　因为我们生活在一个社会大环境中，人都有自我保护的本能，人脱离不开的生活圈、职场、商场、交际等，有时会让我们不得不说一些违心的话。比如寒暄，是人们每天必做的谎话功课。

　　"哇，你今天穿得好漂亮哦。"也许你对她的穿法十分反感，甚至觉得有些俗气。

　　"这发型在哪做的啊？太好看了，回头我也去烫个这样的发型。"也许你内心在嘀咕，这样的发型打死都不会去做。

　　"我就喜欢与您这样的人打交道，能力强，阅历广，博学，听君一席话，往往胜读十年书啊。"也许你内心的真实想法是：你简直是出了名的难搞、刁钻，有什么呀，靠着裙带关系，倚老卖老。

　　……

　　都说人生就是演戏，的确，最高明的说谎者往往最善于演戏。寒暄也许可以归为善意的谎言，因为它大多是在客套，避去不好的语言，避免彼此的尴尬。

　　恶意的谎言才是最让人深恶痛绝的，它会让人受伤，让人上当受骗，蒙受损失。

　　所以，尽管我们每天都在说谎骗别人，但却不想被别人的谎言骗。因此，我们都想看穿别人的谎言。

　　其实，辨认一个人的话是不是谎言，并不是很难的事情，我们之所以一次次地上当受骗，原因有两个：

　　第一，我们对谎言的识别能力低。不知道什么是谎言，什么是真话。举个生活中的例子，我们去商场买衣服，看中了一件很漂亮的品牌大衣，仅凭自己的感觉还不错，价格不菲。虽然店员一直强调自己店里的衣服都是正品，但还是没有十成的把握，因为你从来没有见过这样的衣服，没有办法比较。对于谎言就是这样。尽管我们经常能听到谎言，但是却不知道那就是我们一直深恶痛绝的谎话，所以听到的多，仍然不知道谎言长什么样子，这是一点。

第二，说谎的人掩饰得太好。说谎的人由于内心的压力，他们会想尽办法对自己的谎话做出掩饰，让任何人都看不出来自己讲的是谎话。而且撒谎的人随着撒谎次数的增多，撒谎的经验值也得到不断地提升，渐渐地，说起谎来也是越来越行云流水，十分自然，脸红、心跳加速、紧张、慌乱等可能引发不自然反应的频率会越来越小。这便使得一般人很难做到一眼看穿。

两个方面，都让我们感到为难。

其实，如果留心的话，撒谎者在说谎时的一些微小反应和实话实说的时候是不一样的，这就是微反应的妙用。最明显的一个判断标准是：立即做出反应！

张三晚上因为喝醉了酒没有上班，但是却不能说因为喝醉酒才没去上班的，这样不但会被领导骂，连这个月的奖金都没有了。所以就要撒谎，说自己生病了。

但是领导可能对他的情况已经了解清楚了，于是就问道："你是不是喝酒喝醉了啊？"

这时张三立即回应："没有没有，我真的没有喝酒。"立即对既成的事实进行否认。

这是一种下意识的自我保护机制。不用经过大脑的思考和允许，立即就会作出反应。就像是有东西向你的眼睛飞过来，你的双眼立即就会闭合，这就是一种下意识的自我保护。

否认过快是典型的说谎反应。不过，需要注意的是，有这种反应的是在说谎无疑，没有这种反应的未必讲的就是真话。

这是因为上面我们说到为什么谎言很难被发现的第二个原因，也即是撒谎者已经有了相当的撒谎经验，是这方面的高手，面对这样的场景，他已经吃过太多次亏，所以吸取了历次失败的教训，总结血淋淋的经验，再也不会出现立即否认这样的低级错误，以至于很快自己就把自己出卖了。所以，如果当一个人在面对质问的时候，仍然理直气壮，并不能说明他讲的就是真话。

答非所问就是不打自招

即便是最富有经验的撒谎者，他们在撒谎的时候，也不能做到和正常说话一样自如，无论语言反应还是身体反应，都会留给我们一些很明显的信号。这些信号直接表明一个问题这个人在撒谎。心理学研究均证实了这一点，即便是最高明的骗子，始终还是骗子，不可能有正常人的心态。

说谎者首先的破绽还是来自于语言。正常交流过程中，我们处于无压力状态，这个时候的交流是顺畅的，没有任何障碍的，对方也不会做出有什么明显异常的举动。但一个人在撒谎的时候，都有可能不太自然，尤其是在担心自己的谎言被揭穿的时候。面对这样的心理压力，语言上就会露出很多不和谐表现。比如答非所问，这是一个很典型的语言例证。

有的人说谎后，因为担心自己说谎后的结果，所以就故意不再提自己讲过的内容。这是在给自己找安慰，也是为了能不出错。因为谎言本身是没有任何根据的，所谓"讲得越多，错得越多"，这个时候就会出现答非所问的情况。

答非所问是避重就轻的一种形式。目的在于移开话题。不再谈论自己讲过的内容了。我们会有本能的保护自己的意识，撒谎者在谎话讲过之后，心理承受的压力让他们开始对任何可能戳破自己谎言的行为或者是态度做出抵抗，这是本能的自我保护意识在起作用，而且这种答非所问的过程，说谎者本人可能丝毫没有察觉，当然，也可能已经非常紧张，故意转移自己的注意力，让自己不去想任何有关这个谎话的内容，这样自己的心理上就会得到安慰，压力会有所减轻。

张鹏和自己女朋友两地分居，最初两个人在找工作的时候选择了同一个城市，但张鹏的单位将他调回了公司总部，于是他就和自己的女朋友开始了两地分居的生活。

虽然两个城市的距离并不是很远，交通也很发达，但毕竟不在一起了，张鹏很担心会出现状况，不过好在自己女朋友对这个问题并不介意。

为了能保持和平时一样的关系，只要一有空，张鹏就会买张车票到女朋友居住的城市，哪怕只能待上两个小时，他也觉得很安慰。除了这样的方式以外，张鹏会尽量多地给女朋友打电话，尤其在晚上没事的时候，两个人就煲电话粥。

一晚，张鹏说，他车票买了，后天去女朋友的城市。其实他在说谎，他根本就没有买车票，只是想安慰自己的女朋友，让她知道自己很在意她。张鹏心里很清楚，那天自己女朋友要上班，不可能让自己跑过去，一个人待着。

但女朋友的反应让张鹏觉得很奇怪，要么就是"哦"一声，要么毫无意义地说些别的话题，比如突然转换话题问张鹏最近工作怎么样，答非所问，顾左右而言其他。

张鹏明显能感觉到女朋友讲话时的异样，显然不是平常的样子。但只要是涉及自己去她那里的话题，她就会有意无意地岔开，张鹏问她是不是有时间，她就说不想讲这个问题。如果放在平时，没有时间就没有时间，车票改签甚至是退票都不是什么麻烦事，更何况张鹏根本就没有买票。

直觉让张鹏感觉到可能不妙。于是就给自己女朋友的一个女朋友打电话，这个女孩经常和她在一起，两个人的关系很好，和张鹏也很熟。

一阵寒暄后，张鹏问道自己女朋友最近是不是有什么心事，哪知这个女孩子也对张鹏打起了太极。"你最近工作怎么样啊，混好了可不要忘了我们啊……"净说些和话题无关的内容。这让张鹏很不理解。

最终，张鹏还是辗转了解到了，女朋友最近和一个男生走得很近。这个男生他认识，还较为熟识，虽然称不上多好的朋友，但也认识很多年了。这下张鹏才完全明白过来，原来这两个女孩子合起伙来骗自己。

上文中张鹏的女朋友以及另外一个女孩，都是典型的答非所问类型。本能回避自己担心的问题，不敢给予正面的回应。

之前我们讲过，人类撒谎的一个最根本也最直接的原因是趋利避害，张鹏的女友因为担心自己的"变节"会带来比较严重的后果，所以就很担心事情败露，对于本来应该能正常回应的话题，都没能正常回答。

其实，张鹏的问题是平时问过很多次的，如果她能正常回答，就不会引起对方的怀疑。不过谎言它毕竟还是谎言，不能像正常谈话般自如。

人类的微反应是在受到刺激后做出的不经过大脑思考的一些细微的动作，包括肢体动作，语言异常，平时行为习惯的异常，等等。通过抓住这些细节问题，而不是通过语言本身解读对方的心情思路，就比较能接近事实的真相，而不至于被蒙在鼓里。

从谈话内容窥探真心

语言本身并不能作为我们判断是非对错、真假黑白的一个标准，但内心的想法不管通过什么样的语言表达出来，都会有一定的显现形式，有的是直接的，有的就是含蓄的，有的则是相反的，话里话外不同，懂得弦外之音就能听到别人内心世界的真实声音。

一个人所关注的话题，往往就是其兴趣爱好最直接的表现。比如：有的人喜欢谈论足球，有的人喜欢武侠，有的人喜欢言情小说，而有的人则对军事历史很感兴趣。不同的谈话内容能将对方的心迹毫无保留地展现在我们面前。

当我们在谈论自己感兴趣的话题的时候，多数情况下是不会有太多保留的，讲出来的都是自己内心最真实的看法。这个看法本身并不是我们要关注的核心，而是他讲了这些内容，说了这些看法，到底说明了他是怎样的一个人，这才是关键。

1. 非常喜欢谈论自己的人

不管和谁在一起聊天说话，不是讲自己的奇闻逸事，就是说自己当年的经历。注意观察下他们在听别人说话时的一些微反应你会发现，当别人在说话的时候，他们不是抓耳挠腮，就是在玩手机，时不时地表露出想讲点什么的动作或者表情。不过一旦他们开始谈论自己了，就眉飞色舞，神采飞扬，和刚才的无精打采截然相反。

这种人非常外向，不管遇到什么样的打击、挫折，都能很乐观地面对。心理素质一般不是常人能比的。有时候你会觉得这类人"没心没肺"，经历了那样的打击，还能笑呵呵的，其实是他们的性格决定了在面对困苦时，能有一个积极正面的心理应对，而不是唉声叹气，自怨自艾。

经常喜欢说自己的人，他们多多少少都会有过于常人的虚荣心。打击可以接受，但是如果你说了他一些很负面的问题，就有可能把这个人彻底得罪了。尤其是在对他的个人能力方面，最好不要做出负面的评价，如果要讲，也在讲完一些负面的信息后，夸他几句。这样就能减轻他们的不适感。他们很喜欢在人前表现自己，有非常强烈的表现欲望。这种人对别人的影响力还是很大的，一般能成为不错的领导，他们操控全局的本领也很不错。

2. 喜欢说别人的隐私的人

非常多的人对这个问题极为感兴趣。这一点从网上到处能看到的一些暴露别人隐私内容的新闻经常得到大面积传播就能说明。

每个人都有窥探别人隐私的心理倾向，但并不是人人都会在公众场合把别人的隐私拿出来翻来覆去地讲。张家长李家短，说个没完没了。而且，他们说话时有个很明显也让人很不解的特点，那就是不管别人在谈论什么内容，哪怕是在聊国际局势，他三两句话就能让大家对赵家大妈的女儿产生兴趣。"嗯，你知道了，她那个女儿今天又去相亲了，都十几次了。"他们转变话题的能力让人咋舌。

他们内心潜在的最真实的想法是获得一定的优越感。这种优越感在日常生活中是他们极度缺乏的东西，甚至从来没有得到过，他们就觉得通过将别人的隐私暴露在光天化日之下，就能有这种优越感的获取。

一般来讲，经常会谈论别人隐私的人（偶尔说说的不算，毕竟这是一项全民爱好）有非常强烈的支配欲望，可惜的是，很少有实现的机会，内心里，他们想做领导，想做大人物，不过限于能力问题，一直没有实现。所以就在生活中用这种方式来满足这些心理上的潜在需求。

3. 喜欢散播小道消息的人

这类人属于典型的唯恐天下不乱。不管从哪儿得来的消息，经他们一说，就会变成事实，或者听起来非常像事实。

平日里你没有见到他们有多好的口才，语言表达能力有多强，但对于小道消息的传播能力少有人能比。他们能通过自己的一张嘴将一根针说成是棒槌，把鸡蛋说成是地球，把死的说成活的，活的说成死的。这种人只要有三两个凑到了一起，就能传出很惊人的信息。

这些东西可能连他们自己都不相信，但就是他们自己讲出来的。这类人的内心非常渴望被关注，他们希望有一天自己能成为万众瞩目的焦点，爱慕虚荣，对于自己的现状极度不满意。不过，真到出事了，他们比谁都害怕，尤其是事情发生在自己身上。

4. 喜欢谈钱的人

有的人张嘴闭嘴都是钱，只要一开始讲话，三句不离"钱"，什么话题都能和钱扯上关系。

比如，大家都在讲今天的天气真的很差，下班后从公交车里出来后没一会儿，浑身上下没一块干的地方了，这天说变就变。其实在夏天淋点雨并不算什么。但他们会说："哎，还是没有钱啊，如果有钱，自己买辆车子，上下班不用挤公交，也就不会被雨淋了。"

话一出口，别人就很难往下接了，因为没有心理准备，一开始说的是天气，他讲的却是钱的问题。除非是一些"志同道合"的人。

这类人不管别人在讲什么内容，他都能把话题拉到钱上来。这种人生活乏味，基本上没有什么梦想可言，他们也认为梦想是不值钱的玩意儿，甚至是不屑一顾。赚钱是他们活着的唯一人生目标，一旦缺钱了，他们就会极度不安，甚至惶恐，觉得自己很快就要被社会抛弃了。其实只是一时的问题而已。

他们对别人也缺乏必要的安全感，即便是自己多年的朋友，也会认为和自己交往，是冲着钱来的，尽管他可能也并不富裕。积累财富是他们人生的唯一乐趣，如果没有了钱，他们生活的意义也就没有了。

一个人的思想体现在言谈之中，但讲出来的话，未必就是内心的真实想法，面对复杂的社会，每个人都或多或少的会隐藏自己，伪装自己，目的是让自己获得更为有利的安全感。所以，听话听音很重要，而不是从话本身很直接去理解表面的意思。

解释太多你会信吗

日常生活中，我们经常能听到一句话：不要解释，解释就是掩饰。这是说即便没有经过专业的训练，多数人也能对过多的解释产生本能的怀疑。很可能你后面说的话，全部不被承认。

解释太多了，别人会信你吗？

对于这个问题，我们需要从多个方面去分析。对于撒谎者来说，他们过多的解释就是为了掩盖事实，让其他人相信他所说的话。但解释是需要理由的，对于撒谎者来说，一个充分的理由是掩盖自己谎言的最好因素。

你早上上班迟到了，不是堵车，也不是生病，而是睡过头了。不过，如果告诉领导你是睡过头才迟到，脸上也不大好看，而且重要的是睡过头不是客观理由。如果是因为塞车，生病等不可抗因素，还是值得原谅的。所以，你会说："之所以迟到，是因为塞车了。"

但是今天早上你来上班的那条路明明没有塞车，你在捏造事实，连自己都不相信，怎么能说服别人去相信呢？

有人说，撒谎的最高境界是连自己都相信自己讲的是真的，而不是谎话。其实自己相信自己的话，这是撒谎的第一步。如果自己都不信，怎么敢讲出来呢？即便是说了，也不会坚持多久，可能就会投降了。

所以，为了达到让别人相信的目的，你还需要一些理由，让自己的这个结论看起来更完美。这也是撒谎的

> 对于过多的解释，需要结合其他因素，不可单一地认为解释过多就一定是在撒谎，如此单纯地判断，难免会发生误会。

一个悲哀。因为你需要更多的谎言来对前一个谎言进行维护，如果维护得不好，就会"前功尽弃，一败涂地"。

塞车本来在很多大中城市是常有的事，如果真的在上班的途中碰到塞车这样的倒霉事，到了单位你的表现不应该是去解释为什么塞车，也不是骂塞车有多让人苦恼，而是担心自己迟到会不会被罚。

但因为你要找塞车为借口，为了让这个理由被相信，就要先说服自己，圆好这个谎言。所以，你要好好思考一下"为什么会塞车"这个问题。到了单位，你就会开始解释，开始将自己在心里编好的内容重复一遍。而且重点不是你迟到了，而是为什么会塞车。

这一点在男女关系上表现得最为明显。常见的场景是男人下班后约好了人去潇洒一下，但是老婆在家等着吃饭呢，所以就会打电话回家说，今天在加班，为什么加班呢？因为单位最近有个项目追得很紧，你恰好又是这个项目的主要负责人，没有办法，只好辛苦一下了。

女性常讲男人嘴里没有实话，多半原因是男性为了一个谎话，要编出很多的谎话打圆场。做出解释的目的表面上看是为了让对方相信，其实是为了让自己觉得这个谎撒得没有问题，天衣无缝，心里的安全感就会增加，不至于因为两句谎话，成天提心吊胆。

对某一个谎言进行解释，而且越说越多，是因为谎言本身的重要性很大，对于维护自己的利益（也有可能是为了维护和自己关系亲近的人），不惜一次又一次地撒谎。

是利益的趋势让人类对谎言趋之若鹜。所以，从这个方面来讲，如果对方解释的已经超过了应该有的限度，这个就要引起我们的高度重视了，否则的话吃亏可能就在眼前。

但也有例外，通常情况下，如果对方的解释过多，我们就会有本能的怀疑，认为他在撒谎。而且对这个怀疑抱有很大的肯定性。但是这并不总是事实。也就是说，解释过多，有的时候和这个人的性格有关系，有的人语言表达能力很好，而且对自己的口才感到非常骄傲，这一点经常得到别人的夸奖。所以在很多问题上，可能会有炫耀这种优势的心理，从而导致会不断地对某个问题进行多方位、多角度的论证，哪怕只是为了说明"那根针不是我拿的"这样一件小小的事情。

二、谎言的习惯动作分析

人在撒谎的时候，会在不经意间有一些细微的反应，比如说摸鼻子，耸肩，眼神飘忽不定等。谎言给说谎者带来了压力，为了缓解这种压力，说谎者就会不自觉地做出一些细小的动作，通过分析这些动作，我们就能一眼将对方的把戏看穿。

摸鼻子是撒谎者的惯常动作

人在撒谎的时候，会有一些不经意的小动作，这些动作往往是无意识的，所以很多时候连动作发生者本身也不知道自己的身体在做一些微小的反应动作。越是惯性，越难引发本人的注意，这个时候反而容易"旁观者清"。这不是个人的一种习惯，而是大众的一种表现，尽管每个人的表现程度可能不尽相同，但总是在这些动作中发生一个、两个或是几个，其中摸鼻子就是非常典型的一个经典动作。

美国科学家经过研究后发现，人的鼻子里有一种叫做儿茶酚胺的化学物质，当人在撒谎的时候，这种化学物质就会被释放出来。而这种释放并不是人能主观控制的，这种物质释放出来后，鼻子里的其他细胞就会被扩大，人会产生痒痒的感觉。这时你就会不自觉地用手去摸摸它，从而减轻这种痒痒的感觉。

所以，人在撒谎时，不但是心理会发生变化，生理也会相应发生改变。不但是鼻子，人的血压也会发生变化。有专业的科学仪器显示，人在撒谎的时候，血压会有上升的表现。由此可见，撒谎不但不一定能瞒得过人的双眼，更瞒不过现代精准的科学仪器。

《木偶奇遇记》里有关于撒谎的一段告白，讲的就是鼻子和撒谎的关系。

"你怎么知道我是在撒谎呢？"

"我亲爱的孩子，谎话一眼就能看出来，因为它们只有两种，一种是长腿的，一种是长鼻子的。你说的谎就是长鼻子的。"

这种撒谎长鼻子的说法当然是很荒诞了，不过这也恰恰和我们的科学研究相迎合。人在撒谎的时候，鼻子里会有上文中提到的生理反应，血压升高，撒谎的人就会感觉到自己的鼻子很痒，用手去摩擦自己的鼻子，是为减轻这种痒的感觉。

这个动作一般很快就会完成，如果你稍不留神，就有可能错过，如果不仔细看，有时甚至你会觉得他不是在摸鼻子，只是手在鼻子前稍微晃了晃。女性在做这个动作的时候，幅度就更小，甚至是很难被我们发现。

有一部电视剧，其中有这么一个细节：夫妻两个人在一起生活得久了，彼此也了解了很深。作为妻子，她了解到丈夫只要一撒谎，眼睛就会不停地眨。所以，每当她审问老公问题的时候，老公如果不停地眨眼睛，她就知道——老公又在说谎。

刚开始她不说，后来偶然的一次，当丈夫坚决不承认撒谎时，老婆这才说了出来："你一撒谎就使劲眨眼睛。"

"有……有吗？"老公一边说着，一边摸了摸自己的眼睛。

这个质疑加摸眼皮认证的动作本身，就已经证实了妻子的判断是对的。

后来，尽管老公认识到了这个动作可以出卖自己谎言，想改，去刻意的避免，却怎么也避免不了。因为连他自己都发觉不了自己是不是眨眼睛了。

当然，眨眼这个动作如果不是对特别了解的人，知道他有这样一个习惯性、怪癖性的动作。不能用作所有人，一概而论。因为，眨眼可能是在思考，而不是在说谎。

摸鼻子则不一样，尤其是男性在这个问题上稍有例外，有些女性这个表现并不是很明显，不知道她们是不是鼻子不痒，还是有点痒，但因为太过矜持所以就忍住了。

当然，一个人如果摸鼻子也不能全部定义为对方是在撒谎，有时候感冒也会让一个人的鼻子感觉到发痒，继而去摸。除了这一因素，花粉过敏，或者是戴眼镜的人通常也会有这一动作，当一个人紧张、感到不安时，身体内部的血液也会提升，鼻部的血管会膨胀，同样也会有摸鼻子的动作。

因此，虽说摸鼻子是撒谎的一种表现，对于这个动作我们要加以正确地区分。不能把他当作判断对方是否撒谎的唯一标准，而是一个辅助因素，我们需要结合其他原因进行分析区分。

说谎后的恐惧——拉扯衣领

人在说谎过后，心理都会有波动。他可以在脸上做出伪装，比如面无表情，但生理的变化和心理层面的波动是无法掩饰的，也是人力不能及的。

前文我们说过，一个人在撒谎的时候会很不经意地摸摸自己的鼻子，因为他的鼻子痒了，还有一个很典型的动作——拉扯自己的衣领。多数情况下，这也是撒谎的一种表现。

德斯蒙德·莫里斯是英国的动物学家和人类行为学家。他通过无数的实验和多年观察后发现了人类拉扯衣领的原因。人的颈部神经非常敏感，就像是鼻子一样，人在撒谎后，颈部也会有不适的感觉，有点刺痒。这种刺痒让说谎的人感觉到非常不舒服，所以就会通过拉扯自己的衣领来减轻这种不舒服。

这是一种下意识消除身体不适的一种反应。

如果你在和一个人聊天，他时不时地拉拉自己的衣领，那你就要注意了到底他说的话有多少是真的，很值得怀疑。

这个动作男女有所不同，这可能是和男女服装上的差别有关系。男性一般穿衬衣较多，这种衣服有领子可以拉，女性的衣服虽然花样多，但是多数没有领子，这是客观的外在环境决定了彼此的不同。

这个动作在男女的一些问题上表现得非常明显。比如说女性都会对丈夫的前任女友感到好奇，很想知道关于她的一些信息，比如说有多漂亮，是不是很善解人意，为什么会和自己的丈夫分开，性格怎么样，如此等等。她们在问到丈夫这些问题的时候，有些男人会说："没什么特别的，也就那么回事。"说完之后，就拉拉自己的衣领。这就是一种敷衍的表现。

> 拉衣领就像摸自己的鼻子一样，是一种消除身体不适的反应，不过这种反应并不总是能说明对方在撒谎，也有可能是为了缓解自己的焦躁情绪，让自己平静下来。

其实如果妻子再多问几句，他会再次或者是多次拉自己的衣领，因为在他的内心也许仍保存有与前女友在一起的一些小美好，或者他自认为前女友的确是个不错的人，只是有缘无分罢了。所以，他的内心是有些想法的，但却要装做云淡风轻，完全不在意，没想法。撒了谎，脖子就开始有点痒了，拉拉衣领就是为了减轻这种刺痒的不适。

但是如果是女性，撒谎过后如果没有衣领可拉，她该怎么办呢？而且女性一般都非常重视自己的仪态，你很少能见到一个女性动不动拉拉自己衣领（如果有领子的话），这时她们也会觉得这个动作对于女性而言，太过于男性化了，所以就刻意地不去做。通常，她们撒谎过后就会将自己的脖子扭扭，比如说将脸转向另外一边，不看对面的人，要么就是很快找另外一个话题，而不是就当前的问题继续讨论。

撒谎过后可能会拉自己的衣领，但拉衣领这个动作本身并不能说明就一定是在撒谎。比如在日常生活中，我们经常可以见到一个人会时不时地拉拉自己的衣领，其实他什么话都没有说，这怎么能说明他是在撒谎呢？

当一个人在面对一些让自己感到极度不安的情况时，就会拉拉自己的衣领，这是一个转移自己注意力的无意识动作，因为人一直处于不安的状态中会很不舒服，但如果能找个事情来干干，感觉上就会好很多。

还有就是在生气的时候，这个时候人也会有拉衣领的动作。这个时候的人不但愤怒，而且感到焦躁不安，释放自己，解脱自己的愿望非常强烈，而拉衣领这个动作从形势来讲，就有这个意思，所以我们有时会看见一些人发过火以后就会拉自己的领带，目的是想让自己清爽一下，也有给自己透透气的感觉，其实就是一个心理安慰而已，并不能起到实际的作用。

所以，经过仔细的观察就能发现，拉衣领并不能说明就是在撒谎。

这一点和以前人们对待这个问题的看法有些偏差。以前我们认为一个人拉衣领，就是代表他撒了谎，没有别的意思，这是片面的。

之所以会拉衣领是因为脖子有些刺痒的感觉，摸自己的鼻子也是因为鼻子痒。所以，讲过谎话后，消除不适应就是一种倾向。

撒谎之后一定会有一些担心，一般会比较害怕被别人发现一些蛛丝马迹，这时就会本能地转移自己的注意力，比如说视线离开对方，或者是转移话题。这两个行为既是为了保护自己，也是让自己的内心得到安慰，都可以看做是微反应理论中的安慰反应。

多余的动作是谎话的代言

语言是在思想之后的一个行为，人总是先有思想，之后才会诉诸语言。所以，通常说谎话是用语言来表达自己的虚假思想。而且，在语言之前，思想已经形成，而且成熟，体现我们思想的一些小动作已经先于语言出现在我们的身上，只是这种动作来得非常隐形，很细微，以至于我们经常发现不了它的存在。

动作的发出者没有注意到这种动作的存在，对方可能也没有注意到这个动作，因此一些体现我们思想的非常准确的微反应素材就这样白白地从我们身边溜走了。

一天，李刚在停车场等着泊车，他等了好半天才等到一个车位。正当他想把车子开过去时，突然有一辆车子飞快地开了过来，然后霸王硬上弓停在了那个位子上。

李刚好不生气。这个车场的位置一直都是很难等到，自己等了好半天，好不容易等到了空位，却就这样让别人抢走了。他从车里出来一看，抢位者他是认识的，他们住在一栋楼里，名叫赵弘盛。

李刚就问他："赵弘盛，你是来抢车位的吧，你没有看见我正在等车位呢吗？都等了半天了。"

赵弘盛一脸无辜地摇着头说："没啊，我也是在等车位呢。"

"别蒙我了，你刚才要摇头前下意识地点点了头，就说明你根本就是来抢车位的，而不是什么等。"

"呵呵，你眼睛真毒。"赵弘盛变相地承认了自己的谎言。

摇头之前先点点头是非常典型的一种多余动作。不单单是赵弘盛有这个习惯，很多人都会有。

我们在否定一件事情的时候，会摇摇头，表示自己的否定意思。但是如果这件事自己内心最真实的想法是肯定的，那么就会在摇头前先点点头。这个点头的幅度非常小，而且持续的时间也很短暂，是在大脑以最快速度做出掩饰性动作之前的本能性反应，哪怕只有四分之一秒。

如果对方不能仔细留神地查看，很容易就会从眼皮底下滑过，从而不能得到真实的可靠信息。

> 身体动作是最能体现我们内心世界的镜子，不像是语言本身，可以经过大脑的深度加工，之后才会讲出来，而其可能经过了武装或者说是伪装。

比如说，你在报社或者是电视台做记者，有人向你反映某家单位的产品质量非常有问题，给你爆料的人还对你说了这家单位的负责人的地址。然后，你就顺着这个地址找到了这家单位。首先，你见到的是前台小姐，你要问问她，负责人是不是还在公司，这时，前台小姐如果不想告诉你实际情况，有两种反应说明她在撒谎：

第一种是非常肯定而且非常迅速地否定你的猜测（迅速否定是有问题的表现，这个我们前面已经做了介绍），非常干脆直接地告诉你"不在"。

第二种反应是直勾勾地看着你，然后做出一番判断，之后再摇摇头地告诉你"不在"，在摇头前，她已经暗自点了点头。这个点头就说明你的判断是对的，负责人的确是在公司不错。下意识的点头动作将一个人的内心想法完全暴露在别人的面前。

除了头部的动作，眼睛的反应也很重要。眼睛是我们心灵的窗户，从一个人的眼神里能看到内心很多的复杂的想法。即便不知道心里到底在想些什么东西，但是通过对眼睛的观察，仍然能得到非常多的信息。眼睛的动作也是思想意识的一种反应。有个例子非常经典，能很好地说明这个问题。

某国的国家安全部门抓住了一个国外的间谍，但是根据得到的可靠信息，这个间谍还有两个更为关键的同伙，必须抓住，否则可能会引起国家间的直接矛盾。因此，该国的安全部门就想尽办法让这个人供出另外两个人的下落，然后一并抓捕。

不过，这个间谍怎么也不肯说。

最后，该国安全部门的相关人员拿出了多张照片让这个人看，这些照片里的人都是和他在一起工作的同事、熟人，照片上都写着每个人的名字。让这个间谍看这些照片的时候，安全部门的相关人员就仔细地盯着这个人，希望能通过这个人的一些非语言信息来找出蛛丝马迹。

整个过程，安全部门的专业人员就盯着他看。果然这个人的眼睛信号在看到其中两张照片上的名字时发出来不一样的信号，两个眼睛睁大，瞳孔收缩，而且眼睛还轻轻地眯了一下。

得到了这个信号后安全部门的人员又对这个间谍进行了突击审问，果然，那两人就是他的同伙。

这个间谍看照片的过程中，就流露出了一些很细微的多余动作。

两个眼睛放大，是因为他看见了自己同伴的名字居然就放在自己面前，所以他本能地感到恐惧与紧张，这种紧张当然不是因为担心自己，而是替这两个人担心，所以，两只眼睛就很不自觉地放大。

瞳孔收缩，是为了让别人看不出自己有什么过激或者是不正常的举动，从而达到隐瞒真相的目的。

将眼睛眯成一条缝，这个动作潜意识里是想拒绝来自外界的自己不喜欢看到的东西，所以就抵抗外来光线。这一点就像是捂住自己的嘴，不想让自己讲谎话一样，都是一种抵抗行为。仔细观察我们身边的人，你会发现，当我们听见不想听的声音或者是非常生气的时候，就会眯起眼睛。

还有一个比较典型的反应能准确地判断出对方是不是在说谎——吞咽动作。

如果留心一点，就会发现我们身边有些人在面对别人的一些指责或者听到一些不利于自己的消息时，会很不自觉地咽口水，然后开始反击，对别人的看法、猜测做出全面的否定。

吞咽动作如果你在生活里没有见到过，那么在电视上应该见到不少，尤其是一些警匪片，当警察盘问罪犯是不是做过某件事的时候，这个罪犯会有一个特写，是他的喉结部位，这个特写表现的含义就是这个人后面要撒谎。尽管罪犯仍想嘴硬，但这个下意识的吞咽动作已经将他干过的事情出卖了。

这便给了审问者一个重要的信号，自己的猜测是对的，可以寻着这个方向来进行案件突破。

纵然高明也无法隐瞒

谎言可以通过一些微小的细节体现出来，这些细节就是我们要掌握的微反应。这些反应不是当事人能控制的，他会自然地就会暴露出当事人当时的心情，从而暴露自己，在别人面前变成透明人。

对于一些较为普遍的小动作，一些经过特殊训练的人，或者是非常有说谎经验的人，他们会刻意地避免，不断地改进，这便使得他们能够将自己隐藏得更深。这就给我们探究这类人的真实想法带来了难度。

微反应的普及，有利有弊，它让很多人都知晓了读懂别人的技巧，但同时却也让很多人认知到一些身体语言对自己内心的出卖，从而刻意避免。于是，掩饰的技术也将越来越高，辨别的难度也将越来越大。

其实，掩饰技术再高，都不可能做到天衣无缝。人不可能对身边所发生的一切都早有准备，而且微反应是在理性对事物做出反应前所不自觉流露出的本能性反应，往往发生在人得知事物后的四分之一秒。根本来不及控制。

所以，问题的关键还是在于"观者有心，观者入微"，能够瞬间捕捉到对方第一时间做出的瞬间性反应。

美国的行为学家经过多年的潜心研究，将人类的撒谎行为分为三个不同的种类。依次为偶尔说谎者，病态说谎者，社会病态说谎者。他们的说谎频率和说谎水平也是依次增加。

第一类是偶尔说谎的人，这类人很少说谎。这里指的很少说谎是指他们平时很少说一些影响很大的谎言，并不是说在生活中，他们的谎言就非常少。事实上，在日常的生活中，我们每个人都是撒谎的高手，只是这些谎言并不会产生多大的负面影响，甚至没有影响。所以可以归结为偶尔撒谎者。对于这类人的谎言我们稍加注意就能分辨出来。

第二种也就是病态说谎者。这类人是由第一种说谎的人进化过来的，说谎的次数较多，不过只要我们和他们交往的时间稍长，打交道的频率高一点，他们的谎言也不难被认定。

最难的就是第三种，这种人非常善于编织谎言，而且每一个谎言的背后都有一个既定的目的，他们说起谎话来，几乎连自己都会相信那是真的，所以他们的谎言非常难被分辨。在一般的日常生活里面，这类人非常少能被揭穿，伪君子多数是这类人。不过，尽管是第三类人，他们的谎言也并非就一点破绽都没有，也能在微反应的揭露下，暴露自己的身份，直至被打回原形。有些说谎后留下的漏洞，是说谎的人无法避免的。

举个例子来说，当警察在审问犯人的时候，经常会问到他某月某日都干了什么。这时嫌疑犯就会进入回忆状态，然后给出自己的答案。他在干什么干什么。这些回答可能是真的，但也非常可能是假的。

不过，有一个办法可以很快检验出，他到底是不是在撒谎：让他把自己讲过的话，从后到前说出来。

如果能顺利地倒着背出来，就证明这个人讲的是真话，如果不能，就是假话。因为自己干过的事，不用背，只要按照从后往前的顺序回忆一下就可以了。

如果之前讲的是真话，两者必定是吻合的，如果不能很好吻合，或者是前后不对，那刚才的话就是编出来的。

除了以上这个方法，说谎的人脸上会在瞬间闪过一个表情，这个表情说明，他是在撒谎。脸部是人的心灵窗口，我们内心的想法都会在脸上毫无保留地表现出来。不管是喜怒哀乐，还是尴尬，或者撒谎，都会通过你的脸部表情体现出来。

当然这个表情有可能保留的时间比较长，也有可能一闪而过，非常快，如果不留神，很容易就会从我们的眼皮底下溜过去。比如说，非常明显的一个表情是迟疑。

不管是撒谎之后，还是撒谎之前，这个表情都会在脸上留下印记。很快的一个停顿，在微反应中，我们称之为冻结反应。这种反应的特征就是那一瞬间没有任何表情，脸上肌肉僵硬，语言也会出现停滞的现象。这种反应就说明他在撒谎，内心感到有些不安和紧张，尤其是在面对拷问的时候，这种表情会很不经意地流露出来，不管他经过多少训练，这种表情，反应是不会被抹杀的。

用手捂住自己的嘴巴也是很常见的一种反应。瞬间的一个动作，或者是一个类似的动作，也或者是想有这个动作。

捂嘴这个反应能说明的问题不单单是撒谎，也可能是他比较紧张，很害怕。虽然有这么多的解释，但在不同的场合里，我们就能得出每一种答案来。比如说，我们在听故事，讲到了激动人心的紧张时刻，有的人就有可能会捂住自己的嘴巴，这就不能说明他要说谎了。但是，如果我们在问他一些问题，对方有这个动作，那么就极有可能是在撒谎。这个动作表明他们内心有一种潜在的想法，不让自己讲话，要抑制住那种说谎话的冲动。

用手摩擦自己的眼睛，只是不想让对方看到自己的不安表情。也是掩饰内心紧张，羞愧，内疚，慌张的一个表现。一切不愉快的内心反应都不想让对方察觉，因此就会有这个动作。

　　除了以上列出的这些能判断一个人是不是在撒谎的反应外，其实还有很多的微反应可以说明撒谎者的内心世界，从而判断出他的谎言。比如说用手挠自己的脖子，说话时下意识的吞咽动作，手不自觉地接触自己的嘴唇等这些微小的反应动作都是撒谎的证明。即便是非常高明的社会病态撒谎者，也没有办法逃脱，在微反应面前，只能乖乖地"说出"自己的内心世界。

第 5 章
不可不懂的异性语言：
解读男人和女人的"真心"

快速及时地了解到异性的真实想法和
情绪的变化，会成为促进异性之间良好交
流的关键。

异性间心理解密图例

　　现代人的生活越来越忙碌，生活方式越来越个性化。不管是工作还是生活，与异性交往是必不可少的。快速及时地了解到异性的真实想法和情绪的变化，会成为促进异性之间良好沟通或交流的关键。

1. 戒指背后的信息解密

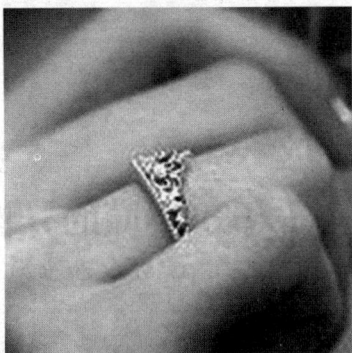

心理解密：戒指戴在拇指，代表个性，自我；戴食指，想结婚，但未婚；戴中指，已经订婚，处于热恋之中；戴无名指，已经结婚；戴小指，处于单身阶段。

2. 笑容背后的信息解密

心理解密：笑容是一个很简单又复杂的表情，分辨真假的关键在于抓住一些小动作的实质。真心的笑容，轻松自然；而一个冲着你笑的人，却紧握拳头，或者腿绷得很直，显然是另当别论。

140

3. 舔嘴唇背后的信息解密

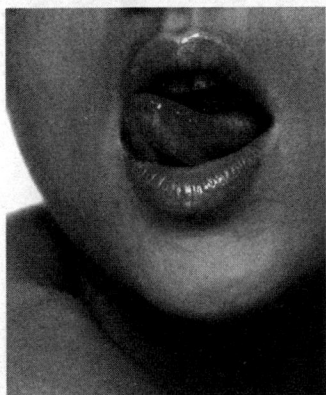

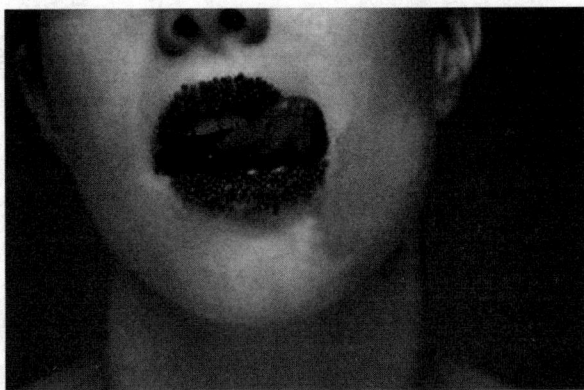

心理解密： 舔嘴唇是典型的减轻压力的动作，多数情况下是一种自我安慰，女性表现得最多。这与紧张的时候会抚摸自己身体的某个部位的原因类似。

---

4. 情侣间的距离信息解密

心理解密： 情侣之间的距离和普通朋友之间的距离是不同的，如果女性对彼此之间较近的距离不反感，没有下意识离开的动作，则说明女性对男性是满意的。

一、读懂男人心

在社会中，男性往往被打上了理智的标签，理智导致男人隐藏了真实的想法。想有效地找出男性真实的心思，就要知道男人一些行为的潜在含义，语言可以作假，眼神可以作假，微笑可以作假，但是身体的一些微反应却不会作假。

聊天时突然双手抱在胸前

聊天时男性突然将手抱在胸前，说明谈话内容一定触及了他心中某些隐秘的东西，这动作在潜意识中可能说明了他对谈话不满，也可能是为了保持距离，或者是体现一种优越感。这种动作的出现要从男人与对方之间的关系分别探讨。

当男人与熟悉的人谈话时，突然间把双手抱在胸前最有可能表现的就是他对谈话的内容不感兴趣，或者是谈话的方式令他疲惫或无聊。他在潜意识中讲："谈的都是什么东西呀！怎么不讲点我感兴趣的！""这么谈话累不累啊，我怎么能够离开呢？"

这个动作是客体防御机制动作的一个典型表现，它在潜意识中体现出男人需要一个私密的封闭的环境，增进安全感并且提高体温。这是人类在幼小时期受母亲怀抱所影响而留下的习惯动作。

　　当男人与陌生人谈话时，如果出现这个动作，那么他内心中潜意识的想法可能是："我们之间的距离已经比我习惯的距离近了，需要拉开一点距离了。"或者是"谈话内容已经超出了我们现在关系能聊的范围了，我不知道怎么继续，是不是该换个话题了。"而伴随着这个动作的可能只是一个微笑，这是一个非常经典的内心与表现不一的动作组合，而它内容的实质则是抱臂动作。如果是和男性相亲的女士观察到这个动作，那么你该考虑自己的谈话是不是出问题了，或者是该不该结束这次相亲了。

　　有的男性在聊天中会触及他所值得骄傲的东西时，他也会不自觉地做这个动作，这是自信和优越感的表现。而与这个动作相伴的一个小动作是下巴微仰。如果在聊天时候观察到这个动作，说明谈话的内容正是他所得意的。

　　其实这个动作在电视剧中也经常看到，比如小巷子里，两个彪形大汉从两头堵住了一个瘦小的人，这两个大汉中的一个往往会做出这个动作。这里的潜台词是：小样，看你还哪里跑。

　　李师傅是一个资深电焊工，与人聊天时非常客气并且平易近人，他最得意的事情是，当年他三十五岁时，厂里的一个高压油罐出了裂缝，找遍了全厂的电焊工，都说修不了，最后分厂厂长推荐了他，他不负众望，在公司大大小小几十号领导的注视下，三下五除二用了半个小时就搞定了，最后检验合格。他被公司通报嘉奖，并且拿到了一千块的奖金。

　　有一天，厂里新来的一位员工在大家面前吹嘘自己的技术如何如何的高，曾经干过如何如何难的活，等等。这时车间一个小领导听不下去了说："高压油罐的裂缝你焊过吗?"

　　新员工说："没有。"

　　这时本来站在那里微笑着的李师傅轻轻地抬了下下巴。

　　"那油罐在三十米的高空，是用一根绳子绑着腰吊着焊的。"这位小领导说道。

　　这时李师傅不自主地双臂环抱，双脚并拢。

　　"李师傅十年前焊过，全厂嘉奖。"小领导继续说道。

　　这时李师傅的笑容更盛。

　　在这个故事中，李师傅先抬下巴有两个意思：一是表示关注，这事好像牵扯到我。二是这事我干过，还干得很好。当李师傅做出双手抱臂的动作就是一种典型的得意动作。心想："这事就是说我，可以肯定了，你们都搞不了，就我行。"

　　同时双脚并拢则是人类不自主地表示对某件事情看重，这里说明李师傅对这个事情很看重。最后是笑容更盛了，则是一个典型的自我保护型的动作，向人传达，我没有敌意，这事不是我讲出来的。同时也说明了，他确实很得意。

　　这个动作必须分情况进行讨论，不同的连带动作和不同的场景会表示不同的含义。男人只要做出这个动作，则必然有其含义。

嫉妒就是爱你的表现吗

　　爱情是青年男女之间永恒的话题，而爱与不爱的问题纠缠了不知多少的痴情男女。所有的男人都会把自己喜欢的女性身边的其他男性视为竞争对手，这是人与动物共同的本能。但是关于嫉妒与爱之间的关系却并不是简单的推理，嫉妒只有在特殊的情况下才能表示爱。

　　当一个女性的某个男性朋友 A 对她的另外某个男性朋友 B 经常性地表达出莫名其妙的愤怒、猜忌或者敌意时，说明 A 嫉妒 B 了。但是嫉妒的原因却又是非常复杂的，比如 B 的工资更高会成为嫉妒的理由，而 B 的头发比较黑也可能成为嫉妒的理由。

　　同时，面对嫉妒，不同的人又有不同的处理方式，有的人会把嫉妒的理由放到心里，一点也不提起。而有的人又会不停地把 B 的优点进行贬低，讲的一文不值。

有一个经典的例子就是"吃不到葡萄说葡萄酸"。而有的人则会装出不屑一顾的样子，讲："那有什么用呢。"或者"那关我什么事呢。"其实同时他心中想法万千。这样的嫉妒都只是因为同一个女性而扯上关系的两个男人之间的竞争性表现。与爱不爱那个女性没有任何关系，也就是说，把这个女性换成另外一个女性，他们之间的嫉妒同样会发生。

这仅仅是雄性对不能接受的竞争对手的自然的排斥，只是这些排斥行为被披上了文明的外衣。

> 嫉妒既表示爱，也表示男性面对爱情时的不自信，一个面对爱情非常自信的男人，很难产生出嫉妒的心理。

那么，什么样的嫉妒是爱的表现呢？首先要把占有欲特别强的人排除出去。如果女性接触另外一个男性时间稍长或者程度较深时，另外一个男人表现出了诸如愤怒、猜忌或者敌意的表现，而当这个接触行为在一定时间之内不再发生时，这些表现也不再出现。这时嫉妒就可能是爱的表现了。假如此女性的接触对象换了，但是种种嫉妒的表现在那个男性身上重新表现了一次，只是嫉妒的目标也换了，凡是和此女性接触的男人都可能会成为嫉妒的目标时，嫉妒才可以说是爱的表现。

小王在一家公司做办公室文员，人长的一般、平常，她男朋友小李对她很是"正常"，也不够殷勤。

虽然他俩在一起两年了，但小李对待小王的态度很是平常，没有过分的关心也没有过分的冷淡。但最近一段时间，小李像变了一个人似的，早上送，晚上接，下雨送伞，有求必应。而且时不时地偷空溜出来陪她，搞得像初恋似的，有的时候还影响到了她的工作，还时不时地被同事当做玩笑。小王要求了几次小李不要这样，但是小李照旧那样，毕竟是对她好，她也不能多说什么。

工作之余，小王就和闺蜜小张聊天，告诉了小张自己男朋友的这一反常举动，她怀疑小李是不是在外面干了对不起她的事。

小张先是嘲笑了一番小王不知享福。然后问她，小李还有没有其他异常。小王说："最近小李老是提起我办公室的小刘，有时候还说小刘的坏话。"

小张听了说："你家小李那是吃醋了。他妒忌小刘整天和你待在一个屋。"

小王睁大了眼睛说道："啊……"

小李的表现说明了他是爱小王的，这个时候嫉妒就是爱的表现。他嫉妒的表现是：

第一，他经常提起小刘。这种提起是人对自己感兴趣的东西的正常表现，有时甚至是无意识地把话题转了过去。

第二，经常说小刘的坏话。小刘和小王在同一个办公室，比小李有地理优势，男性的竞争本能地把嫉妒推了出来。而嫉妒的实质表现是，对爱情不自信，于是他开始讨好小王。

戒指是束缚吗

曾经有位煤老板，一双手戴了九个戒指，没戴十个的原因是左手小拇指在年轻时被机器齐根砍断了。在他眼中，戒指就是富豪的标志，绝对不是束缚。

戒指是需要戴在手上的，而戴在不同的手指有不同的含义，我们先来分享一下戴戒指的意义。

通常戒指是戴在左手的，国际上比较流行的戴戒指的方法是：

拇指——个性，自我。

食指——想结婚，表示未婚。

中指——已经订婚，处于热恋之中。

无名指——已经结婚。

小指——处于单身阶段。

从这种国际上流行的戴戒指方法来看，似乎戴戒指成为了一种束缚。那么，它真的是束缚吗？

有一部分男人平常不喜欢戴戒指，有这样几方面的原因，比如不想告诉别人自己的婚姻状况；或者是嫌戴着戒指影响工作，比如你是一个拧螺丝的钳工，你会戴一个一万块人民币的戒指干活吗？当然还有其他一些理由。

而有些戴戒指的男人只是为了避免一些不必要的麻烦，比如当某女性对其表示好感时，他可以用戴戒指的方法告诉对方："我已经结婚了，请不要来打扰我。"

还有一种男人是为了表达对婚姻的忠诚才戴戒指的。他们深爱着他们所爱的人，在他们的眼中，戒指就是爱的标志。同时他们也相信，只要戴着戒指爱情就是永恒的，显然，戒指对爱情有促进作用。他们的戒指不一定名贵，但是必定有特殊的意义。和这类男人聊他们的戒指，他往往会给你讲一个不一样的爱情故事。

而一些小青年们手上戴上一枚奇特的戒指大多是为了吸引目光，彰显自己的个性。戒指有的时候也会成为佩戴者自我安慰的工具，有的男性在压力过大，或者思考问题的时候，习惯性地抚摸戒指。这时候戒指就成为一个减压工具，本质上是把过于集中的注意力进行习惯性分散，减少情绪对思考的影响。这也是人类几万年进化过程中留给人类的一个应激反应。

公司李总总是戴着一枚白金镶钻的戒指，看起来不是很起眼，但是凡是关注他的人都能够看到。而且每天上班的时候这枚戒指都会准时出现。

公司新来的小李有一天问老员工王姐："李总老婆怎么没有来过，她是做什么的啊?"

王姐说:"李总都没结婚,哪里有老婆呢。"

小李继续问:"可是为啥戴着一个戒指呢?他不像是一个喜欢炫耀的人啊。"

王姐解释道:"李总有个习惯,就是有什么事情拿不定主意的时候,他就会转他的戒指,事情越是困难,他转的频率就越高,你以后看到他转戒指的时候要小心点,说不定他心情不好。"

"嗯。"小李点了点头。

隔了几天,小李又问王姐:"李总难道就没有不戴戒指或者是摘下戒指的时候?"

王姐说:"有,曾经有一次,一个客户是个女的,她来的时候,李总摘下过戒指,那天我还吃惊呢,后来听说他俩还谈了几天恋爱呢。"

从小故事里可以分析出,李总的戒指有以下几个作用:

第一,减轻压力,他在有压力的时候喜欢转戒指,这个不自主的小习惯正是他有压力时的表现。

第二,告诉身边的女性,我对你们没兴趣。当他对某个女同志有兴趣的时候,自然就会摘下戒指。这在熟悉的人中就成为了共识,用来减少麻烦。他戴戒指的目的就是与他不感兴趣的女性直接拉开距离。

男人戴戒指的心理各有不同,并不一定就是一种束缚。他可以是男人一个表达信息的载体,使人一目了然地知道他的某些想法。同时戒指又是某种象征,他们认为戒指会带来某些神秘的讲不清楚的东西,诸如运气、缘分和冷静,等等。在大多数男人的心中,戒指不是束缚。

男人笑容的真假

中国人讲究见人三分笑，这一习惯导致中国男人的笑容如雾里看花，真假难辨，明明已经恨到了极致，偏偏脸上还是灿烂的笑容，所以想看穿男人的笑，需要一点悟性，也需要一点眼力。

陌生人的笑，由于你不了解对方，所以很难看出对方的心理，而熟悉人的笑却总是有迹可循的，但前提是你要仔细的观察，知道微笑所伴随的一些细节。

女人要看出男人笑容的真假，首先要辨别出什么是真笑，男人在会心一笑，开心哈哈大笑，得意嘿嘿一笑，或者是敷衍呵呵一笑的时候，看出其背后的内容。一个最简单的辨别的办法，就是把笑容和背景联系起来，俗话说："反常即为妖。"该笑时不笑，不该笑时笑，总是有问题的。

开心哈哈大笑，这一点一般做不了假，人在哈哈大笑时牵动的肌肉太多，刻意去模仿，大脑在刻意为之的情况之下很难控制那么多的神经，所以若非经过特殊的训练，哈哈大笑是模仿不来的，假装的一般很容易露出破绽。随着人际交往的深入，单从笑容上来说，大多数人的真笑和假笑是很难区别的。想要看穿笑容的含义还要从伴随着笑容的一些小动作着眼，无意识的动作才会出卖内心的真实想法。

> 笑容是一个很简单的表情，同时也是一个很复杂的表情，分辨笑容的关键在和笑一起发生的小动作上，抓住了这些小动作就抓住了笑的实质。

真假难辨的还是微笑，这个时候如果单纯盯着笑脸看，什么也看不出来，除了一堆皱纹。当然，假的东西自然会有所表现，出卖内心想法的却往往是人所意识不到的一些小动作。比如，一个冲着你微笑的人，却紧握拳头，或者腿绷得很直，那么你要小心了，他的笑背后可能掩盖着很生气的情绪，他也许已经恨你入骨了。

有的男人一脸自信的笑容同你交流，他的笑容甚至能够感染到你，让你也变得高兴或者平静，但是请你不要忽略了他那只手，也许他的手在搓着一个小东西，假如平常他没这个习惯，则说明你们所谈论的话题令他很紧张，或者是你令他很紧张。

而如果一个男人一边以一个甜蜜的微笑看着你，却一边朝四周看去，看起来他对你们的谈话很不感兴趣，这可能表示他已经开始为离开找借口了。

王晨年过三十了，还没找到对象，人们都很纳闷。要说这小伙子长得挺帅，家庭条件也挺不错，至少房子是有的，而且工作也不错，收入挺高，要说个子，一米七的个头放在小城里也不算低了啊。王妈妈安排了一个又一个的相亲，可就是没有一个成功的。

王晨自己也挺着急的，一来是年纪也不小了，二来是见的姑娘里也有俩人看对眼的，可是见了几次面之后，很多姑娘都认为他不专心，这让他感到比窦娥还冤，自己怎么会不专心呢？他觉得他每次都是抱着诚信去的。

倒是有一个姑娘令他魂不守舍，可是人家姑娘愣是认为他不专心。他问到最后，姑娘说是感觉。王晨的朋友也替他着急啊。有一天，有一个大学同学，学心理学专业的，决定帮助王晨找找其中的原因。准备在王晨再次相亲的时候，在旁边观察一下。

相亲结束后，王晨问对方："我的问题出在哪儿啊?"

这位同学说："你笑的时候，眼睛乱瞟什么啊，你一瞟，哪个姑娘的感觉肯定好不了。"

王晨冤枉地说："我也不知道会这样，一紧张就不自然地眼睛乱瞟。"

笑容是一个非常美好的东西，他能够让对方心情变得愉悦，可以拉近与对方的距离，而如果笑容表达不正确，则会让对方产生误解，认为你的笑容不真诚或者有故作的嫌疑。案例中的王晨就犯了这样一个错误。

因此，我们在判断男人笑容是否真假的时候，有时候不能凭自己的感觉，看到对方的笑容很假、很不自然，就认为这是假笑，我们还需要根据环境、具体事情以及对方的习惯性动作来进行判断分析。

为什么他总是喜欢用第一人称

通常用第一人称讲话，别人会更容易相信他讲的故事是真实的。因此，喜欢用第一人称讲话的男人总是渴望听者能够相信他。而这种渴望的表现形式并不一定是刻意的，更多的时候当事人自己可能都意识不到。

深究使用第一人称习惯的根源要从小时候找起，小的时候调皮而且家长管得比较严的孩子，为了取信家长，就会自动地找寻更能取信家长的讲话方式，有许多男人的习惯就是那个时候形成的。而另外一部分人则是在长大之后，在自己生活的经验积累中慢慢形成的，不一定是刻意为之。

有些男人平常并不经常用第一人称，而突然间有一段时间，开始喜欢用第一人称，或者是在某些特定的女性面前开始喜欢用第一人称。在这两种情况中，前一种一般表示这个男人最近比以前更加自信，他可能正在经历一件得意的事情，或者做出了自己看重的成就，或者有了一笔自己满意的收入。而后一种情况则大多与感情有关，这至少说明，这个男人希望得到那个女人的信任，或者是为了吸引那个女人的注意力。

用第一人称来讲话，更容易把自己吹嘘的更强大，更能体现出自己博学和阅历的丰富，进而旁证自己有一定的能力。这与雄性动物在异性面前炫耀自己的漂亮羽毛或者是强壮的身躯有相同的功效，只是人类把这些事情披上了文明的外衣，做得更加隐蔽。

如果是男女之间，男性开始用第一人称诸如"我们"来取代"你和我"的时候，说明男性已经从内心深处把两者之间的关系看得很近，甚至已经把二者看做一个整体了。对于相恋的人来说，这标志着男人对她的恋人已经有了相当深的感情了，也可以说这个男人已经习惯这个女人在身边了。

小李和小王是一对恋人，他们恋爱有两年之久，两人在同一家公司工作。有一天，小李向同事小张抱怨说俩人谈了这么久的恋爱了，小王不知道为什么一直不向她求婚。小张说她观察观察。

由于大家都是同事，经常在一起吃饭，彼此很熟悉，所以小张观察的机会也比较多。不久之后，小张跟小李说："我估计你家小王快向你求婚了。"

小李问："为什么呢？"

小张很有把握地说道："他以前讲你和他就是你和他，现在他都说'俺们'了。他已经从心里面默认了你俩的关系。"

过了半年后，小王选了一个特殊的日子，向小李求婚了。

小李问为什么这么晚才求婚，小王说他没搞明白她是否愿意嫁给他。

小张能够从小王的表达方式上判断出来小王对小李的感情深度，是非常有道理的，这既是女人感觉的灵敏，同时也有一定的科学依据。

人只有在内心深处认同二者是一个整体的时候，才会用第一人称来表达整体。当人选择用第一人称或者其他时，是一种下意识的选择，并不经过思考，会直接从感觉上来判断二者关系的深度，然后选择与此相匹配的表达方式。当人违心地刻意选择表达方式的时候，人会本能地感觉到不舒服，会有一种不自然的表情。这也是为什么潜意识不会欺骗人的原因。

总之，有的人喜欢用第一人称如"我们"、"我辈"等词，一方面表示说话者认为对方和自己有相同的性格，另一方面说明说话者具有很强的表现欲。

二、女人的心海底针

很多人会抱怨，女人的心就如同风一样善变，自己的思维怎么也跟不上女人心思变化的速度。其实即使是风也是有迹可循的，智者可以从种种自然现象来预测风向。女人的想法同样是有迹可循的，只要你把握好技巧，就能够明白其中的奥秘。

盯着你看是喜欢你吗

有时候一个你初次见面的女生盯着你看，这会让你很是纳闷，对方认识我？还是……

必然会让你浮想联翩，有些自恋的人这时就会想："对方是不是喜欢上我了呢？"当然，也有这种可能，如果对方足够吸引你的眼球，那么对你来说可是一个美丽的机会。

客观的分析，如果一个女人盯着你看，并且你不认识对方，究其原因，有很多方面，比如说认错了人、你长的和他的朋友很相似、你不认识她但她认识你，等等。

在男女之间熟悉之后，她盯着你看，就要分情况进行分析了。有时是正常礼貌性地盯着你看，比如你们交流的时候，她盯着你的眼睛。当然也有盯着你看的过程中魂游天外，这个时候对她来说你和旁边的桌子没有什么区别。

有时我们可以采用一些方法测试盯着你看的女人，比如当你注意到一个女士在盯着你看时，你也可以盯着她看，这时如果对方出现眼神躲闪或者是慌乱的动作，而且脸也羞涩的红了，那么她十之八九是对你动心了。而如果她仅仅是对你报以微笑的话，只能说明她对你的行为或者其他方面感兴趣，还没有上升到"喜欢"的程度。

我们在观察女性用眼睛盯着某人看的时候，要了解其心理，不能只是分析她盯着你看的时间长短，而是要看她的眼神，不同的眼神盯着你看具有不同的含义。

小牛是张东超的一个女同事，此女在少女的时候就非常干练和泼辣，一双大眼睛水灵清澈，加上长得不错的身体条件，曾经迷倒了很多人。但是追求者都被她一个个连唬带吓的给弄跑了。她最经典的动作是"用眼神杀死你"。

当她生气的时候，她就会狠狠地盯着你，然后小拳头握紧，甚至有时还会挥上一两下。你想想被一个美女用一种杀人般的眼光盯着，大多数的人很快就会败下阵来。如果有时候她求你帮忙而你拒绝了，她会用一种可怜巴巴的眼光看着你，一动也不动，不是非常熟的人根本没有招架之力。

有一次她的几个同学来公司找她，在短短相处的一个小时里，她目光盯住其中一个男孩的次数明显比其他人多，而且有时竟然还会脸红一下。

而在一年之后，就听到了她和那个男孩结婚的消息。

从故事的结局来看，当时她是喜欢那个男孩的，因为我们看到她在看对方的时候有害羞、脸红的表现。

她出现脸红的原因是害怕心思被人看穿时的本能反应。而且我们从她之前的表现来看，她是一个比较善于用眼神表达的人，可以看出她对眼神的应用已经非常的到位。

而当爱情这样一种非常感性的因素出现的时候，即使是最善于伪装的人也会显得与平时有所不同。因此，我们看到小牛脸红了，她喜欢上了他。

人类的发展其实是很有意思的，在远古时代，当时人类需要狩猎和采集食物来满足自己的生存需要，那个时候人类思维比较简单，盯着最多的东西就是食物，因为这能够保证人从繁茂的丛林中快速找出吸引自己的东西。

在案例中我们还看到了另外两种盯着对方看的眼神，一种是恶狠狠的眼神，一种是温柔怜悯的眼神。前者是因为你得罪了她，因此吸引了她的这种盯着你看的目光。目的是想用这种眼光让你屈服。后者更多是一种企求、撒娇的眼光，盯着你看是想得到你的怜悯或者同情。这也是吸引她的地方。

真正决定盯着你的含义的是同时所伴随的小动作及眼神，而不是盯着你本身，只有善于观察的人才能够发现其中的秘密。

女性微妙的笑容

微笑是迷人的，而女人的微笑更是最美丽动人的。它是能够让很多男性同胞着迷的东西，很多强大的男人都是倒在了女人的微笑之下。即使是长相并不十分美丽的女人。

女性最常见的笑容是职业的笑，这种笑容已经成为了现代社会的重要润滑剂之一，它把女性的妩媚和美丽发挥得淋漓尽致，也把女性的协调作用发挥到了极致。可是笑容的背后并不都是美好的东西，很多的男同志都有过这样的经历，你所追求的女孩子一直是微笑着的，一直微笑到她拒绝了你。这种集迷惑、茫然、无奈、无助甚至是愤怒于一身的经历绝对令人终生难忘。

当女性开心的笑的时候，她的身体必定是轻松的，她可能会轻轻地摇动她的手臂或者是腿部，幅度不会太大，但是动作很明显。这种情况与某人听到喜欢的音乐，然后不自主地摇动身体某个部位的原理类似。

俗语说："美人一笑，英雄折腰；美人再笑，江山倾倒。"可见女人的笑容是非常具有杀伤力的，尤其是美丽女人的微笑。但不同的笑容中所体现意义不同，看清女性脸上的微笑，才能读懂其心理。

在工作交际中，我们经常会遇到这样一种女性的笑容，她在微笑的时候很是"正规"，身体没有其他的动作，这是一种职业的微笑或者习惯的微笑，这种笑只是表示她不愿意对你板着脸孔，以示友好，别无其他任何的含义。而一个女性在遇到一个男性时露出一个惊讶、灿烂的笑容，那么这个男人大多数情况下是女性的老友，他们可能已经熟识了很多年。这是日常中女性笑容最基本的区别。

古罗马有句名言："少女一发笑，婚事成一半。"意思是如果少女在相亲的时候露出了笑容，那么她对这个未来的夫君是比较满意的，笑容代表女性遇到了中意的人。但是这种笑容有其固有的特点。首先，这种笑是一种含蓄的笑，不是哈哈大笑。其次，这种笑伴随着一个诸如扣手指、玩纽扣等表达娇羞的动作。而同时她的双腿可能会绷直来表达紧张的情绪，或者是双脚来回的挪动来表达她的无措。

曾经有一位心理学家在咖啡厅中观察一对正在喝咖啡的情侣，刚开始的时候，女孩子的笑容略显机械，明显是在掩饰内心的紧张。

随着谈话的继续，她的笑容逐渐变得自然，时而轻声微笑，时而抿嘴一笑，两位聊得非常的开心。可是在聊到某个话题的时候，女孩子的笑还是很甜美，但是她一直左右摇动的脚做了一个向上踢的小动作。随着男孩改变了话题，这个动作又消失了，只是笑容明显不如之前灿烂。

聊天经过一段时间之后，两个人都不笑了，而且身体做出了分开的动作……

我们看到，案例中女性的微笑是非常微妙的。很多人看到这里可能会觉得，两人的谈话肯定出了问题，但心理学家通过女性的微笑以及细微的观察发现是两个人的脚碰到了一起，这时女性的笑容瞬间改变了。因此，这是一种升华的笑容。

舔嘴唇有大学问

通常，人处于干燥环境下时会不自觉地舔自己的嘴唇，这是一种生理需求，目的是为了防止嘴唇干裂。仔细观察过儿童的人都会知道，有的儿童在看到别人吃东西的时候，他看着看着会舔嘴唇。这也是一个本能的动作，表示孩子对食物有渴望，他同样想吃到，同时这也是一个自我安慰的动作，舔嘴唇的动作能够产生更多的唾液，与自己吃到食物时类似。

而女性舔自己的嘴唇，同样也是一种自我安慰，就像有的人紧张的时候会抚摸自己身体的某个部位的原因类似。这是人类的本能行为之一。特别是有的女性在压力之下，她们时不时地舔一下自己的下唇，好像她们的下唇比较干燥似的。这是非常典型的减轻压力的动作，而且这个动作往往是在不自知的情况下发生的。

现代社会有这样一个流行的说法，如果一个女性在和男性单独相处的时候，女性有意识地舔自己的嘴唇，这代表着这个女性对男性有性暗示的意思。这个说法属于文化的范畴，是和潜意识的行为处于不同的层次。而性暗示的时候，女性的身体会同时表现出一种开放的不私密的动作，甚至还会有更明显的动作发生。

区别舔嘴唇的动作是有意识的行为还是潜意识的行为，需要观察舔嘴唇动作本身。如果一个女性舔嘴唇的动作重复很多次，并且都是舔着相同的部位，用相同的方向。比如是从左到右，或者是从右到左。那么，这时的动作则往往是潜意识行为，并不是刻意为之。

潜意识行为的动作不会太夸张，是一组微小的动作，并且速度比较快。有意识的舔嘴唇动作往往是为了让对方看到，这种动作会比较夸张，同时动作幅度比较大，速度比较慢，而且方向具有不确定性，比如方向和舔的部位不同。而且此时女性的眼睛会注视着你，仔细地观察你的反应。

如果一个女性舔嘴唇的动作只是轻微的露出舌尖，而且这个动作只是做了很少的几次，这往往意味着她可能做了一件很侥幸的事情。

小刘是一名工人，最近工厂里发生了一件物品损坏事件，厂领导肯定地认为这件事情应该有目击者，但是正副厂长问了所有的人都说不知道。

等到问到小刘的时候，副总观察到小刘总不停地舔着自己的下嘴唇，他仔细观察了小刘的嘴唇，发现很健康，也没有嘴唇干燥的情况。这时小刘的腿站得很直，脚紧紧地贴着地面，好像生怕被风吹动似的。

副总反复地问小刘，知不知道是谁干的，小刘一直说不知道。但是当老总提到小刘一个朋友的名字的时候，小刘的眼皮轻微的动了一下。副总看到这种表现，以及之前舔嘴唇的情况，马上断定是小刘的朋友弄坏了东西，而且小刘是知道的。

在本案例中，小刘舔嘴唇的动作是一个典型的自我安慰的动作，由于她撒谎了，并且很紧张，于是她的大脑冻结了一些动作，所以她的腿会紧紧地绷着，她的脚会紧贴着地面，一动也不动。

但是她的舌头却不自主地开始动作，开始舔嘴唇，目的就是减轻压力。当老总提到真正肇事者名字的时候，小刘的眼皮动了，这同样是一个无意识的动作。原因是她在重压之下突然听到这个名字，在内心的深处会突然变紧张，眼皮在这紧张情绪的推动下开始动作。加之之前的舔嘴唇，所以副总最后确定了损坏者。

弄清楚女性舔嘴唇的奥秘，首先要弄清楚这个动作是个有意识的动作还是一个无意识的动作，它们所代表的意义及发出者的心理状态是完全不同的。

爱慕之情中的难言之隐

"心中有爱口难开。"这是现代社会中内向女性对待心仪男性的典型困境。造成困境的原因是复杂的，有文化的原因，也有女性自我保护及性格的原因。

一个女性只要对某个男性产生了爱慕之情，那么她就会有所表现，有的是有意识的，有的则是潜意识的。其中最含蓄而且令男性迷惑的是，有意无意地瞟上一眼，而当男性回以目光的时候，她却又变得若无其事好似什么都没有发生过似的。其实，她时不时地瞟上一眼已经说明了她在内心深处对其感兴趣了，只是这个兴趣的程度还是未知的。

相熟的男女在相处的过程中，情侣之间的距离和普通朋友之间的距离是不同的，当然老夫妻的距离只有神仙才能猜得到，如果女性对彼此之间较近的距离不反感，没有下意识离开的动作，则说明女性对男性是满意的。

因为在通常的交际中，人与人之间都有一种安全距离，超过这个安全距离，对方就会感到不适。而有一种情况是例外的，两异性之间，一方对另一方产生了好感，这时产生好感的一方即使越过了安全距离，也不会感到不适。

有的女性在面对心仪的对象时，会选择一些非常不合常理的做法，比如莫名其妙地给他一个小小的伤害，

> 女性表达爱慕的动作藏在一堆有意无意的动作之中，而拨开所有的烟雾，她的注意力则是最核心的东西，能够表现出注意力目标的行为都会成为她们表达感情的方式。

159

让他感觉到不爽。之所以这样做是因为她对他没有注意到她而感觉到不爽，然后不自觉地用伤害他的方法来吸引他的注意力，因为"疼痛"是最能够吸引注意力的。所以，如果一个女性总是莫名其妙地找一个男人一些小麻烦，当然不是为难，那么恭喜他，可能有人喜欢他了。当他注意力完全被吸引到她的身上的时候，这些情况会改变，

　　另外一个预示着一个女性对某个男性产生兴趣的现象是，他们总是有意无意地碰面。如果男性是无意的，那么女性就可能是一个无意识的行为。这是一个从原始采集活动中演化过来的一个本能，当年原始人类在采集的时候总是凭经验走到往常采到食物的地方，因为在他们的意识中那里有他们想要的东西。这个本能演化到现在就变成了，那里有她所感兴趣的人，她会不由自主地走到那里，然后碰到一起。

　　小王以前被赠绰号"女侠"，原因是她有让身边的男士受"皮肉"之苦的嗜好。比如她叫某某，不是先开口，而是先不轻不重地来一拳，然后再讲话。如果谁招惹了她，定然会被掐。

　　但是她对小齐却很客气，从来不动手，言听计从，还时不时地做出淑女状，同时她比较喜欢和闺蜜谈论小齐的糗事。

　　后来，她"女侠"的称号没人再叫了，原因是她对大家都变得很客气，但是小齐却很惨了，因为他老是体会到她的飘飘"武功"，而且还不敢跑。因为他成了小王的老公。

　　小王所做的这一切其实都是一种爱慕之情的表达，首先他对待小齐和其他同事都是不同的，其次，各种具体的行为也体现了他对小齐的"爱"。

　　开始的时候，她是由于害怕在小齐面前留下一个坏的印象，所以潜意识的不敢轻易像对待其他同事一样对待小齐。她喜欢和闺密谈论小齐的糗事，也透露出她对小齐是很感兴趣的，试想谁没有几件糗事，她为什么会不自主地单单谈论小齐的糗事呢？这正是注意力集中在小齐身上的表现。

总是贬低自己是自卑吗

在中国的传统文化中，谦虚是一种美德，而国人在讲到自己能力的时候总喜欢说低一点，以示自己有谦虚的美德。中国女性同样有类似的习惯，只是女性贬低自己的行为却显得更为复杂。

最常见的情况是，大家都已经知道了某件事情有了一个非常好的结局，但是当事的女性却笑着把结果讲的没那么好，或者是不停地强调事情还有不好的一面。这从某种程度上是一种炫耀，因为她的话一定是首先肯定了事情的真实性。

其实很多女性懂的，不确定的事情更能够吸引人的注意力。当事情没有明确答案的时候，想要使事情被持续关注的最好办法是出现几个不同版本的答案，让大部分的人弄不清楚真实的情况。

女人很少愿意在自己心爱的人面前贬低自己，婚前婚后都是如此。如果一个优秀的女人非常蹩脚地在你面前贬低自己的时候，她八成认为你配不上她，但是她还是喜欢你的。不要认为这是一个悖论，虽然大多数的女人看不上比自己差的男人，但是她们却可以认为你会有一个更精彩的未来，即你是一只即将增值的股票，而在未来你是配得上她的。她贬低自己只是期望自己可以和你有一个相匹配的身份。

> 在现实社会中，大多数自卑的人会选择拔高自己的能力，而不是贬低自己，大多数越是自卑的人，越是喜欢吹嘘自己。

当一个刚从乡下来到城市的女孩手足无措地贬低自己的时候，她的内心是恐惧的，同时她是害羞的。这个时候贬低自己是出于一种自我保护的本能，在陌生的环境中大多数的人是不愿意被注意到的。这个特性的来源同样是历史悠久，当人类的祖先在稀疏的草原上走动的时候，被猎食者注意到就意味着生命的劫难。于是这个本能被一代一代地传承了下来。

小苏和小马是一对恋人，小苏家庭富裕，而且长相漂亮。小马是一个小公司的老总，收入也相当不错，两个人在一起也算是般配，小日子幸福的只等着结婚了。

可是就在婚期都定下来的时候，金融危机来了，小马所在的行业一片惨烈，小马的公司也不例外，倒闭了，而且欠了一些外债。原来支持小苏的亲友看小马落魄了，有许多人开始反对他们的婚事。

细心的小马发现，小苏不像以前一样那么为所欲为了，挑他毛病的次数也变少了，而且还经常说自己哪里不好哪里不好，而之前她只会批评小马如何如何的不好，从来不会进行自我批评。

小马看着这些变化，有点不知所措，感到很别扭，他甚至想小苏是不是变心了。经过朋友的点拨和帮助，婚礼顺利进行了，婚后两个人的日子过得非常美满。等小马再次创业成功的时候，小苏却又开始挑他的小毛病，找他的小麻烦。有时小马很是怀念那段失败时的岁月。

案例中，小苏挑小马小毛病的行为，是典型的吸引注意力的行为，当女性认为心上人的注意力集中在自己身上的程度不够时，很多女性会选择用挑毛病的方式把男性的注意力吸引到自己身上。

而在小马事业受挫折的时候，小马从实际上已经不能够与小苏相般配了，这个时候，小苏同样产生了危机感，这危机感就源自于条件差，她内心的深处同样害怕小马会因为这个差距而放弃。所以她不由自主地改变了对待小马的方式。

三、恋爱中的心理学

恋爱是一个古老而又常新的话题，弄明白爱人的心思是许多恋爱中人梦寐以求的心事。其实，只要多一点观察总结，看懂其微妙的反应，了解恋人的心理并不是一件困难的事情。即使你是一个旁观者，也能够预测到爱情的结局。

脚尖的方向透露彼此感情

有一种说法是，脚尖的方向就是你心灵的方向。看似一句无厘头的话，却有着深刻的道理。人在遇到自己感兴趣的东西时，一个明显的反应是看，而另一个潜意识的反应是一只脚的脚尖朝向哪个方向。这是在人类形成过程中对食物的竞争而进化出来的本能，然后这个本能扩展到了对所有感兴趣的东西都会产生这个动作。此动作的作用是方便更快速地冲上去抢夺。

当一对情侣并肩而立的时候，观察他们脚尖的移动方式会发现，当其中一位以一种方式移动的时候，另一位也会以同样的方式移动。大多数时候这种影响是相互的，但有的时候，总是一位先动而另外的一位跟随着动，往往跟随者在平常的生活中更容易受前者的影响。虽然老朋友并肩而立的时候也会出现这种情况，但是频率和幅度都不如情侣。

　　如果情侣之间相对而立谈话的时候，其中一位两只脚的脚尖都没有对着他的伴侣，那么他（她）此时的兴趣可能并不在谈话上，他（她）可能有比谈话更好的主意，或者有其他更重要的事情需要处理，但是他（她）还不得不待在这里。当他（她）频繁地调整脚尖方向的时候，他内心的烦躁就已经达到了一定的程度，他（她）可能在想，为什么我们不能换个地方（话题）？或者是我怎样才能够全身而退不惹她（他）生气呢？

　　有的人从小被要求坐有坐姿站有站姿，他们在长期的生活中形成了固定的姿势，他们的脚尖朝向就不能够说明什么问题。如果他的对面有几位异性的话，那么当他调整坐姿时脚移动的幅度往往与他相对心仪的异性有关。假若他数次调整姿势时，脚尖都曾经朝向过其中的一位，那么这位往往就是他所最为中意的。这是人类本能与习惯冲突的表现，大多数的时候，习惯掩盖了本能，但是本能却总是在某一个瞬间展现出它的面孔。

　　与脚尖频繁移动表示烦躁类似，如果两位异性相对而立的时候，其中一位的脚尖不是自然地轻微分开，而是轻微合拢的话，说明他的安全感或者对两者之间的感情的信任度不够。这个动作是典型的自我保护动作，它潜在的含义是这是我的地盘，请保持距离。

　　在某公司午饭过后，三男两女分别坐在对着的两排沙发上休息，公司经理一直觉得这几个人挺般配，有心撮合他们，但是由于始终看不出来他们的想法而无果。

　　但他们的坐姿很让经理感兴趣，只见两女坐一起，三男坐在一起。其中女A的左脚朝着正前方，而右脚却朝着男C，女B的左脚朝着男A，右脚跷在左腿上做二郎腿状。男A和男B的右脚都朝着女A，但是男C的右脚却始终朝着女B。

　　虽然每天坐的位置不同，但是他们那只朝向明显的脚的方向却始终是指着特定的人。直到几个月后，男A的右脚开始朝向女B了。又经过了一段时间就传出了男A和女B恋爱的消息。

　　在案例中，其实每个人每天都有一只脚是朝向心仪的对象的，只是中意的程度未知。最后当男 A 的右脚尖开始朝向女 B 的时候，他的注意力已经开始集中到了女 B 的身上，也就是说他的中意对象变成了女 B。这种情况下，男 A 和女 B 就变成了互相中意，他们能够恋爱的原因可能有很多，但是脚尖的方向却非常忠实地反映了他们的内心想法。

脚尖的方向往往就是人所向往的方向。在那个方向，可能有他所想的人，也可能有他所想的物，总之，是因为心中所想才无意地把脚尖朝向了那个方向。

恋人对外界阻力的逆反效应

在日常生活中，矛盾可以分为内部矛盾和外部矛盾，恋爱的障碍就属于其中的外部矛盾，而恋人之间的矛盾则可以划分到内部矛盾的范畴。当外部矛盾过于强大的时候，内部矛盾就会被暂时搁置起来，以集中力量对付外部矛盾。

男女恋爱的过程首先是一个互相选择的过程。在这个过程中，首要的任务是彼此了解，其次是彼此接受并且互相吸引。通过日常的接触，彼此之间都会对对方有更深入的了解，这期间由于彼此的注意力都在对方的身上，所以更容易发现优缺点，进而会影响到恋爱的想法和感受。

随着了解的深入，想法和感受也在不断变化，并且最终左右着爱情的进程。当恋爱进行时，如果有外界的阻力加入进来，比如父母的反对，这个时候恋人的注意力就会分出一部分来应对外界的阻力，在彼此身上的注意力就会减退，此时刚开始恋爱时的良好感觉就会被继续维持，而发现缺点和产生不好感觉的进程却被打断。于是阻力就促使恋爱保持了良好的状况。

恋爱过程的另一个功能是为以后的婚姻生活做准备。两个不同的人必然有着不同的习惯和嗜好，恋爱的过程同样是两个人互相磨合适应的过程。在这个过程中，双方会互相了解彼此的习惯，并且接受对方的习惯或者共同找到习惯的平衡点。有的习惯会改变，有的新习惯产生，而改变习惯的过程是不舒服的，这是人类的一个自然反应。但是同时恋爱时美好的感觉会影响到这种不舒服的感觉，并且把这种感觉冲淡。而这两种感觉互相影响的结果就决定了恋爱的结局。

当外界的阻力影响到爱情时，人的本能是保护自己已经得到的东西，人对可能会失去的东西会非常珍惜，对恋爱也是如此，所以恋爱的双方开始抛弃彼此的争端，共同来应对外来的影响。此时彼此磨合时产生的痛苦感觉就会被战胜外界阻力所带来的成就感和刺激感所冲淡，当磨合到一定程度的时候，爱情就成了习惯，这时失去爱人的痛苦就会成为一件非常难受的事情，此时，爱情已经修成正果。

小王和小刘离婚了，他们离婚的时候没有争吵，没有哭闹，只是平静地分了财产，分了孩子，就各自分开了。用小王的话说，自从结婚以来他们从来没有如此默契过。在一起的日子里，他们很难平静地互相交流，他们都认为自己的想法更正确，对方应该按照自己说的来做。于是无休止的争吵成了生活的背景旋律。

人们也许会以为这是包办婚姻的结局，其实不是。他两人是自由恋爱并且结合到一起的。当时他们恋爱时，双方的父母都表示强烈反对，但是他们战胜了父母们层出不穷的拆散他们的做法走到了一起。而且那时他们是互相体谅，互相理解的。现在父母们开始反对他们离婚的时候，他们却平静地离婚了。

这个案例在现实生活中非常的常见，经常有情侣顶住了所有的压力走在了一起，却又因为生活中的种种不和而分开。

案例中他们能够结婚就是由于外界的压力暂时转移了彼此的注意力，使他们的选择过程不够充分，而同时压力也暂时改变了彼此的处事方法和态度，使他们性格不和的问题在恋爱时始终没有能够充分暴露出来。但是结婚后，由于种种压力消失了，事情开始恢复它本来的面目，于是问题开始出现，并最终导致了婚姻生活的结束。

俗话说："压力越大，动力越大。"因为有了阻力，才会义无反顾去克服，这是大多数动物的本性。而在恋人之间，由于外界阻力产生的逆反应往往是强大的，这体现了恋人争强好胜的一面。

坐对面还是坐一排

有一种美叫做朦胧美，也有一种美叫做整体美。前一种是朦朦胧胧的一个美丽的轮廓，如梦如幻，掩盖了所有瑕疵。后一种是一种协调美，把不一定美丽的部分组合起来成就一种不一样的韵味。在现实中，再美丽的美人也经受不了显微镜般眼睛的挑剔，即使是最漂亮的美玉在放大镜下也能找到细微的瑕疵。

男女之间互相吸引，是源于各种美妙的感觉，而美丽却又是这种种感觉的根源之一。相对而坐，距离不过米，脸上细微的皱纹，一个不易察觉的色斑，不经意间的一个表情都会被彼此尽收眼中。无数的细节中总会有他喜欢的和他不喜欢的。

当男女初恋，外在的印象左右着恋爱的感觉，此时相对而坐是把自己的一些细微缺点完全暴露出来，这等于把爱情放在赌台上，让上帝的骰子来决定爱情的结局。而随着恋爱关系的发展，爱情的感觉逐渐从外在转移到内涵，这时两人已经建立起了彼此熟悉的交流方式，令人误会的动作会被忽略无视，熟悉的动作会被关注，脸上的雀斑也没有了左右爱情的分量，于是两人相对而坐，一颦一笑间尽情传达彼此的爱恋，一壶茶一杯酒，幸福尽在不言中。

恋人并肩而坐的时候，他们之间距离是很小的，甚至是互相摩擦的，心理上的距离感在那一刻消失了，由于时不时地互相接触，彼此的注意力就都在对方身上，就不时地令人产生一个扭头看一眼的冲动，而冲动正是爱的动力源泉。

同时，由于目光同向，类似于目标相同，容易让人产生这是自己人的安全感，久而久之就变成了依赖感。当关系发展到一定程度的时候，开始两个人相邻的脚不由自主地并在一起，而两手则自然而然地牵在一起。但是，同时并排而坐也有个坏处，就是不方便观察对方的表情和动作，遇到问题时不能够及时调整。而且如果想献殷勤给对方夹个菜也不是很方便。

王丽和马三宝是大学里的一对情侣。在大学的食堂里，情侣们吃饭都是面对面的坐着，中间隔着一张宽度不超过一米的桌子。两人，你喂我一口我喂你一口，使得旁观的人无限的美慕，看得老古板的校长气得在大会上拍桌子翘胡子。三宝同志非常美慕这份甜蜜，但是从来享受不到，因为虽然他和王丽也是蜜里调油如胶似漆的，但是王丽从来不和他面对面地坐，每次他要求都会被王丽以各种方法给无情的否决掉。可怜的三宝只好牵着美女的手期望着面对面仔细地观察一下自己的美人的机会。

三宝曾经问过王丽为什么，王丽的回答五花八门，各种答案都有，其中最甜蜜的一个答案是，并肩可以随时靠到他身上，来感触他的温暖和安全。虽然这个答案也算是合适，可是三宝同志还是怀疑背后到底有什么原因，只是他真的没有什么办法知道。

在案例中，王丽给三宝的答案可能就是真正的原因，因为有的女性对轻微的触碰非常的敏感，而且这种触碰能够让她们感到兴奋或者是愉悦。但是，还有一种可能性是王丽对自己的面容上的小缺点非常的敏感，她不愿意在吃饭的时候被三宝观察到一些不美丽的东西，这是一种不安全感的表现。

在现实中，熟悉的恋人之间，不愿意正面面对自己爱人的往往是男性，因为在恋爱中，他可能觉得女性是挑剔和善变的，被观察得一清二楚可能会给自己带来一些出其不意的麻烦。

是面对面坐还是并排坐？不同的方式体现了不同的恋人心理，也彰显了恋人心中的小九九，看清对方的这一微反应，有助于了解你在对方心中目前的感觉。

女人撒娇的微反应

上帝为了让女人能够和男人一样强大，他赐予女人两个武器，其一是眼泪，其二是撒娇。大多数的男人遇到了两者都会乖乖地举手投降。撒娇的女人是妩媚的，是美丽的。

撒娇的女人的声音会有所不同，最明显和常见的是声音变得温柔，语气拖得比往常要长一点。声音变得温柔是态度变低的表现，说明她更愿意降低身段来获得你一个肯定的答案，而语气拖得更长是为了让你有足够的时间考虑，并且通过声音影响到你的思维，同时也让你在语调结束的时候可以立即给一个肯定的答案。

撒娇的女人一般心中都有一个想要的答案，而且她同时认为你给出这个答案的可能性是比较大的。

女人另外一个典型的撒娇动作是用眼神斜看你，或者是狠狠地看着你，有的时候脚还会轻轻地跺着，这个时候，她在表达她的不满。而且她内心期望着你可以快速地改变成她所想要的决定。如果你的反应慢了，下一个动作可能就是不轻不重的一拳，或者是轻轻地掐你一下。这些不轻不重、不疼不痒的动作同样也是撒娇的表现。这是她一边表达她的爱意，同时还表达她的不满，同时还提醒着你，她知道你是爱她的，可谓是一箭三雕。

> 撒娇是女人的专利，不同的撒娇微反应体现了不同的心理。通常，女人撒娇是对自己在对方心中分量自信的表现，而同时又是希望对方肯定这种分量的表现。

　　小女孩向大人撒娇的时候会轻轻地摇着你的手，好像她摇着就能够摇动你心中的坚持，其实在很多情况下确实把你的坚持给摇动了。这个动作同样会发生在成年女性身上，只是力度变得更轻或者是幅度变得更大。这既是一个自我安慰的动作，也是内心渴望改变你主意的一个表达。

　　当年幼的女儿抱着你的脖子用甜甜的声音乞求你的时候，你体会到的是如水的温柔，而同样，当你心爱的妻子搂着你的脖子撅着嘴说不的时候，你体会到的是刻骨的柔情。这是同一个动作，都是面向爱她的人，只不过一个是父亲，另一个是丈夫。

　　不同的女人撒娇会有不同的表现，但是共同的特点是，都显得更加得温柔，或者是表现得更加柔弱。这些不同以往的动作更能够勾起男性的保护欲和责任感，让男人从心头不由地升起一个念头，"算了，就按她说的办吧"。撒娇能够从心灵的深处对男人的思维施加影响力。

　　小李夫妇的日子算是不错的，感情很好，而且有一个聪明的孩子。在一起生活了几年了，小李已经对老婆的招牌动作完全做到了心中有数。比如，当老婆希望他做某件事，但是他偷懒不想做时，老婆就会先用满含怒气的眼神盯着他，如果他还不动，或者采取挑衅的动作时，老婆就会走到他身边轻轻地掐他一下，然后轻轻地摇着他。如果他还不动，老婆就会狠狠地掐疼他。这时如果老婆真的生气了，就会甩手而去，如果不怎么生气就会踹他一脚不理他。但是如果实在很生气的话就会打开话匣子狠狠地骂他一顿，然后扎好架子和他吵架。

　　案例中，小李老婆除了最后准备吵架的动作外都是一系列的撒娇动作，只是随着心中的不满的增加，动作有所变化。

　　妻子撒娇的一个深层次目的是为了让男人肯定她在男人心中的地位，小李对这一系列行为不做回应或者是做出挑衅的动作，等于从侧面否定了妻子的地位，妻子肯定会变得越来越生气。但是由于这个动作是经常性的动作，出现被否定的次数变多之后，妻子也明白这一切并不真的意味着什么，所以撒娇行为会不了了之。

约会时喜欢坐左边的男性

在现实生活中，有的人喜欢左边，而有的人喜欢右边。有的人能够给出一个明确的理由，来说明为什么是这边而不是另一边，而有的人只是纯粹的习惯，没有什么理由。在恋爱中，这些习惯或者是个人的喜好会被保留下来。

追寻左右的根源，最常见的是从父母那里传承来的，如果一个孩子的家庭中，父亲总是习惯坐在母亲的左边，那么长大后，这个男性习惯坐在左边的可能性要比不是这样的家庭中的男性要大得多，这个时候左边还是右边只是一个家庭传承的问题。而有的家庭中，如果从小这个男孩子的座位就被安排在姐姐的左边，长大之后在约会的时候，男性选择左边的可能性就要大得多。

在有的家庭中，孩子会被教育男孩子要保护女孩子的观念，作为哥哥的男性在和妹妹一起活动的时候往往会把妹妹放在更安全的一侧，而走路的时候，哥哥会走在左边，让妹妹走在更靠路边的右侧。长大后这个男性走在左边的习惯可能会被固化下来，在约会的时候，他选择左侧的次数也会比右侧更多。

这是一种保护对方的下意识行为，同时也说明了这个男性有保护和他约会的女性的冲动。这种情况需要结合其他的一些动作上确定这个动作是自发行为还是一个刻意的行为。比如手臂会带一个保护性的动作。

现代社会信息发达，各种分析女性心理和行为的资料多如牛毛，这些资料中有一个典型的说法是女性的左侧比右侧更敏感，对触碰的反应更加强烈。这个特性有助于提高恋爱的成功率。约会时喜欢选择左侧的男性可能是一个久经风月的老手，他既有可能是刻意为之，也有可能是在长期和女性接触中形成的无意识的习惯。

如何来识别这种人需要从细节着手，并且时刻保持着冷静，不能够被任何表象迷住了眼睛。比如选择左边本来是一种保护意识的表现，可是他的其他动作虽然足够的迷人但是却找不到一点保护的味道。每一个微反应都不会是孤立的，总是一组动作同时发生，单个孤立的动作往往是脑神经刻意控制的结果。

小刘是一个保护欲望很强的男性，他小的时候经常领着妹妹在路上逛街，由于父母比较忙他就承担起了带妹妹的责任，他总是本能地站在更危险的一侧。

在结婚后，他习惯睡在妻子左侧，习惯走在妻子左侧，吃饭时候习惯坐在妻子左侧。违背这种习惯的时候他就会感到不舒服，甚至有的时候这种习惯会带来种种不便。可是在其他异性面前这个习惯却消失了，坐在哪边都不会有特殊的感受。小刘的朋友戏称这是由于小刘同志谈恋爱的次数太少了，这个对女人的保护欲望没有被女人给磨灭掉。

案例中，小刘的习惯就是一种出于本能的保护欲望，这欲望有着特定的人，即是他的女性亲人。这是他年幼时带着妹妹的经历给他留下的一个永久的习惯。

结婚后，这个习惯转移到了小刘妻子的身上，他从潜意识中认为她是需要自己保护的，就如当年他保护妹妹那样。当这种习惯被打破的时候，不安全感就会从潜意识中升起，让他变得焦虑和难受。对于其他的女性，由于在内心的深处没有保护的欲望，所以这个习惯就不再发挥作用。

从概率上来说，习惯坐在左侧的男性更有保护欲望或者是更能够吸引女性。要想判断出来具体的情况要通过仔细地观察相处时的微反应来确定。身体的微反应比声音更加诚实，因为它更难控制。

恋爱中选择主动的女孩

在中国文化中，对女性的要求是含蓄而保守的，大多数的女性受这个文化的影响，不敢或者不愿意主动去追求心仪的男士。这种环境下，选择主动出击的女孩子就显得另类。

世界上永远不会缺乏另类，女孩子也是，现实社会中有一类人，她们虽然身为女孩子却又有着某些男孩子的特质，她们坚强而又无畏，当心仪的对象出现时，她们不甘心白白的错过，于是就顶住世俗的压力，克服自己心理的障碍，把这份感情表达出来。她们并不是不想和别的女孩一样的含蓄，做的与众不同的心理压力同样存在于她们的心头，只不过她们把感情的分量看得重过了面子、人言和压力等。

> 恋爱中比较主动的女孩会因为心中的目的不同而让主动行为出现异样，作为旁观者，从女孩的主动行为中看出异样，可以读懂她心中主动的真相。

随着恋爱的进行，女孩子对恋爱的感觉开始积累，如果女孩子的感觉很好，而男孩子却表现得很没经验的话，女孩子开始变得主动也是非常常见的事情。

恋爱达人有个说法："如果一个女孩子爱你，她会把所有的事情安排得很好。"这说法就是在恋爱的过程中女孩子角色已经转变的表现。由于恋爱的目的是彼此了解和为以后的婚姻生活做准备，那么在恋爱的过程中确定各自在生活中的分工也是应有的工作。

这种情况下由谁来安排下一步的恋爱计划也就可能发生变化。例如，女孩子对男孩子很有好感，但同时她对男孩子的安排并不十分满意的时候，她就会开始用种种办法来改变这种状况。若这种改变最终还是不能够让她满意，而女孩子又是一个很有主见的人，那么由她来主动安排恋爱计划就变得顺理成章。在恋爱的过程中，女孩子选择主动说明两个问题：

第一，她对你的某些方面是满意的。

第二，她对你的恋爱中的某些表现不满意。

为了追求真爱而选择主动的女孩子，在恋爱中是快乐的，在双方接触的过程中，时常会有各种微反应表达出自己的喜悦和快乐。同时，由于是她选择了主动，而对方的态度不够肯定，所以她对爱情的不安全感也会比其他女孩子高，她随时可能会因为承受不了压力而放弃。她的动作中还会包含一部分表达自身不安全意识的微反应。

有一部分女孩子是由于感情以外的原因而选择主动的，非情感驱动的恋爱总有它不同寻常的地方。微反应会把这些不合常理的地方忠实地表达出来。

小雯是因为钱才和林谈恋爱的，她年轻漂亮，也有喜欢的人，可是那个人太穷了，而小雯的家庭条件也不好，她被穷怕了。

所以当大她十岁的林以一个大款的身份出现在她面前的时候，他们很快就走在了一起。大多数的时候，林是主动的，但是每当林有退出的念头的时候，小雯就会反客为主，使出种种手段，把他的心思拉回来。

小雯在和林约会的时候，虽然看起来很开心，可是当林不在当面的时候，她的眼神中就会显出一丝异样。而她和林接触时虽然足够的温柔，可是总是显得有些不够自然，而且她的脚尖的方向总是来回地移动，似乎是非常地不情愿指向林。

案例中小雯对林采取主动的动力不是感情而是金钱，所以她在恋爱时虽然足够的投入，而且也希望自己完全投入角色中，却总是有不自然的地方表现出来。

这是因为感情才是恋爱的原动力，小雯首先需要克服真实感情给自己和林的爱情带来的阻力，然后她才能够控制自身的表现，控制力松懈的时候，真相就自然地表现了出来。其实，她的一些微反应时不时地表达着她不爱林的事实。

第 6 章
社交行为心理学：
通过微反应看透他人的心思

无意识的行为，透露出的却是有意义的信号。从朋友言行的微反应中，我们能窥见出许多心思秘密。

朋友间心理解密图例

微反应包括面部表情和肢体语言以及实际的语言。通过动作和语言以及一些无意识的行为我们可以分析出这个人的性格特征和人格特征。就交际来说，从朋友言行的一系列微反应中，我们能窥见出许多的心思秘密。

1. 我们经常会听到身边的一些朋友教导自己说："为你好。"甚至有时候会在指责之后来一句"我都是为你好"。仔细分析，对方真的是为我们好吗？在心理学上，这种"为你好"的诱导因素被称为"投射"。

心理解密：经常说"为你好"的人渴望建立一种密切的关系，但当这种关系建立后，他们总会忽视对方的存在，只关心对方是否按照自己的意愿在做，这其实就是一种自私的行为。

2. 微反应包括面孔的微表情，也包括其他能够映射人心理的微小动作、语言等。通过这些微小的行为能映射这个人内心的真实想法。

心理解密：经常说"不过""但是"的人是反抗心理较强的人，一般不愿意接受别人的意见，即使内心已经认可你的说法，但在言语上也会坚持自己的想法或者强调自己的观点。

3. 总是把"绝对"当成口头禅的人，自己似乎是一副自信满满的样子，其实，这样的表现恰恰是自己不自信的一面。

心理解密：总喜欢把"绝对"当成口头禅的人，比较主观，总想以自我为中心，甚至常存在不切实际的空想，或者是过于天真。

4. 思考问题是每个人每天都要做的一件事情，有的人会边喝茶边思考，有的人喜欢闭上眼睛思考问题。那么，闭上眼睛思考问题与心理有什么关系呢？

心理解密：闭上眼睛，能屏蔽某些事物，有利于集中、冷静地思考问题，容易使心静下来。所以这也是一种让浮躁、激动的心静下来的方法。

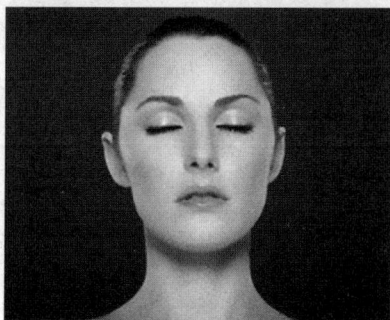

177

一、从无意识语言解读他的内心

人们无意识的语言在某个程度上映射出这个人的真实性，但是并不代表这个人的未来行为。通过他的语言，我们能够剖析他的性格和内心思想。人们无意识语言的起源来自于对外界的印象。也就是说，当人们与外界建立客体关系的时候，人们的大脑并不像计算机的编码程序一样排列，而是形成混乱的镜像，所见所闻的东西都被形成象征的符号被记忆。所以这些象征符号的不同对人们造成了不同的内涵和影响。

口头上为你好，实际是为自己好

人类虽然是高级动物，会控制自己的表情与内心，但是在受到某些刺激的时候，人和动物一样会条件反射地做出一些真实性的表达自己内心的反应。我们知道，动物的本能动作是保护自己，人同样也是如此。

我们经常听到身边的一些朋友教导自己说："为你好。"甚至有时候会在指责之后来一句"我都是为你好"。仔细分析，对方真的是为我们好吗？

在心理学上，这种"为你好"的诱导因素被称为"投射"。而且把这种投射已经作为了一种无意识语言，他在投射的时候，也就是在说"为你好"的时候，有一种强烈的欲望，他非常希望对方能够以他希望的方式去做。否则，他的心里就会产生焦虑、烦恼、埋怨等情绪。觉得对方不爱他，或者说是辜负了他。

因此，经常说"为你好"的人特别渴望建立一种密切的关系，但是当这种关系建立以后，他们总是会忽视对方的存在，只关心对方是否按照自己的意思在做，这其实就是一种自私的行为。

罗军是刚到某销售公司的一名销售员，由于刚刚进入这个公司工作，对产品以及工作流程还不是很熟悉。

罗军的主管叫赵亮，因此，刚开始罗军所有每天的工作几乎都是由赵亮来安排。每天早上当老员工按照自己安排的行程出去工作的时候，赵亮就会把罗军叫到办公室，安排一大堆杂七杂八的工作，末尾总不忘说一句"我这可都是为了你好啊！"

> 投射者往往不自觉地进行投射行为，被投射者却能立刻感知，然后在心里拒绝听从投射者的话，这个时候矛盾就产生了，人们心中往往对"为你好"这三个字产生反感，就是因为人们把自己的利益放在第一位。

刚开始罗军觉得，虽然有些事情与自己甚至是与销售无关，但总归能够帮助自己尽快地熟悉工作流程，可以更好地与其他员工搞好关系。

可一个月之后，罗军渐渐地发现，其实每天所做的主管安排自己的事情对工作并没有多大的帮助，相反，他真正关心的是事情做得如何、他工作的态度如何。

这让罗军很是纳闷，甚至怀疑，主管的这种行为是真正为他好吗？

案例中主管赵亮口口声声说是为了罗军好，而我们客观的分析，他为新人安排工作，让其尽快地熟悉业务流程，确实也是为了罗军好，而且也非常在乎罗军，这在逻辑上也没有什么不对，可是最后的结果却不是这样。

实际上，这类人表面上看确实非常在乎对方，而其实当他对对方进行投射之后，更加在乎的是对方身上的幻象。但对方毕竟是一个独立的人，而他却会忽视掉。对方的想法他不会关心，当然，也不会主动地去了解对方。

投射别人是每个生物的本能反应，也是保护自己的一种方式，因为人类在第一时间内首先表现出的是为自己谋利益，所以才有了投射别人的现象。别人只有这样做才能为自己谋得最大的利益，也可以被称为是自私。是个人将自己的思想、态度、愿望、情绪、性格等个性特征不自觉地反应在他人或者是外部物体上的一种心理作用。

"和你说个秘密"的秘密

在生活中，我们通常会听到："我跟你说个秘密，你不要告诉别人。"而有时候，这样的事情往往会一传十、十传百，最后变成了大家都知道的"秘密"。

而且，在有些人身上把"和你说个秘密"这样类似的话已经当成了一个习惯用语，不管这个事情是不是秘密，是大还是小，已经有多少人知道，他在告诉你之前都会说这句话，这是一种无意识的语言行为，也体现了对方的心理状态。

当有人跟你说"和你说个秘密"的时候，基本出于三个方面的原因：

一是对方觉得你值得信任；二是对方觉得要和人分享，并享受别人听到秘密时的惊讶；三是这个秘密的内容适合跟你这种人讲。

当然这三个因素不只是单一种出现的，往往是三种因素并存。如果是关系特别好的朋友，对方会觉得你值得信任，所以才告诉你这个秘密。而且这时会让你感觉到与他之间的关系更加亲近。如果一个小朋友跟你分享他的秘密，那你是值得庆贺的，你赢得了他的友谊。作为同事或者是邻居闲谈告诉你的话，他（她）的潜台词有两个：一个是希望你继续传播，另一个就是等待看你惊讶的表情。当然秘密的内容不一样，所以也要视情况而定。

当出现第二种情况的时候，你就要考虑这个朋友是否值得交往了。因为对方既然把别人关注的目光当做是一种享受，那就要防备有一天你的事儿也会成为他的谈资。这种人喜欢听恭维的话，喜欢出风头。当然也可能是因为秘密在他的心里待不住，他觉得过于惊讶迫不及待要和你分享。他告诉你的潜台词是："怎么样，我知道的很多吧？我的能耐很大吧？恭维我吧!"这样的人把自己的生活过成了电影屏幕，一举一动都在注意别人有没有注意自己。当然也可能是因为这个秘密太让人惊讶了，你要考虑自己要不要听，因为往往知道的越多反而对自己越不利，这不是一种好现象，你可以选择不去知道这个秘密。

第三种情况出现的话，你就要反省自己的处事方式了。是不是给别人留下这个印象？这个印象是你预期的吗？你满意自己现在的状态吗？反省自己是最重要的，不要怪别人这样认为你，要反省自己为什么给别人留下这样的印象，注意自己日常的行为语言。比如说，有个朋友就喜欢和你分享他的恋爱史，那你留给他的印象就是：你也是一个恋爱史很多的人；你喜欢探索人的恋爱史。生活是一面镜子，随时可以反映出你自己的样子，如果朋友经常和你分享某个类型的秘密的时候，你就可以看出自己留给别人的印象，矫正自己的处事方式。

当然朋友要和你说秘密也有一个动态的心理过程，首先他听到这个秘密之后觉得很惊讶，想要找个人分享，他也想看到别人惊讶的样子，然后他考虑了一圈，发现这个秘密就适合和你这种类型的人讲，然后他觉得你比较可信，就讲给了你。当然也许你会传播给下一个人。另一个动态的过程是他知道这个秘密，而这个秘密正好关系到你，跟你说是为了提醒你，不要犯错误。这一类的被我们称为知心人，是真正对你好的。

"告诉你一个秘密，你不要告诉别人。"这句话从儿童时期就开始流行，人们因为自己能够怀揣一个秘密而希望让别人觉得自己充满了神秘感，因为想和别人亲近而通过私密的谈话获得认同感，因为觉得和对方是同一类人而觉得可以和他分享秘密。一句话看尽世间百态，可以观人，可以窥己。

他怎么想的，总爱说"不过"

微反应包括面孔的微表情，也包括其他能够映射人心理的微小动作、语言等。通过这些微小的行为能映射这个人内心的真实想法。心理反抗现象出现在很早的时期，是人们与生俱来的本能拒绝反应。也属于微反应的一种。

经常说"不过""但是"的人是反抗心理较强的人，一般不愿意接受别人的意见，即使内心已经认可了你的说法，但是在言语上也会坚持自己的想法或者强调自己的观点。这种人一般以自己为中心，不愿意服从别人的命令。喜欢别人赞扬和认可自己。反抗心理较强的人在心理学上包括两个方面的内容：

1. "反抗期"的逆反心理

在儿童时期，人类的逆反心理就开始表现出来，比如说家长不希望儿童做什么事情的时候，会呵斥或者责骂孩子，但是家长发现，往往越是制止孩子越要去做。妈妈喂宝宝吃饭，宝宝的小脑袋会左右摇晃、发呆、不要妈妈喂，甚至有的孩子自己会抢过饭勺自己吃饭。虽然弄得满身都是，但是自己很开心。这就是简单的反抗心理较强的表现。之后会出现青春期，孩子不愿意被投射，反抗的意识越来越强。

2. 超限效应

人们会接受适当的批评和建议，但是往往不接受责骂和要求，这就是超限效应的一种体现。我们举个例子说明一下：

　　刘艳和男友吵架了，心情不好，打电话向自己最好的朋友红玉求助。红玉很擅长做心理分析，给刘艳说得豁然开朗。刘艳想：我有这个好朋友真好。但是红玉仍然在滔滔不绝，觉得还有待分析、开解，15 分钟过去了，这个时候刘艳和红玉一起客观地讨论，可是又 15 分钟过去了，红玉仍然在数落刘艳的男朋友有多不好，这个时候，刘艳已经不像前面的 30 分钟那么愉快了，她开始感到厌烦。15 分钟又过去了……最后在红玉分析到刘艳应该和男友分开的时候，刘艳反而觉得自己的男友千般好，原谅了他，而开始害怕红玉的电话。

　　这就是心理逆反的超限效应。也就是说当人类接受到刺激时，时间过长、过度的时候，心理历程就从开始的好奇、开心、愉快变成了厌烦和反抗。当然每个人的亲身体验就是：喜欢吃某样东西，但是某天吃了很多或者年月累计一直在吃这种东西的话肯定会产生厌烦的心理。

　　心理反抗的现象伴随着个人的情绪，人们希望别人关注的是自己的想法，所以，即使他在附和你，只要他说"不过"那就是他要表达自己意见的信号，他在表达自己的意愿，说明他感到自己被忽略。

　　微反应往往表达人类的本能，不受思想和行为的控制。微语言反应也是其中的一部分。在生活当中，没有人能做到像 *lie to me* 里面的主人公那样准确，我们仍然可以通过身边朋友的日常语言读懂他的内心。其实微反应就隐藏在他的话语当中，藏在他的表情和肢体动作当中，需要我们观察去发现。通过调查，心理学家发现，几乎每一种心理的行为反应都是一系列的，比如说当一个人说"不过"的时候，就开始对别人进行"投射"希望对方按照自己的意愿做事，等等。

　　他究竟是怎么想的呢？经常说"不过"的人都留给别人一个印象，那就是捉摸不透，想法多变，比较固执……用个好听的词语叫比较有主见，当出现这种情况的时候，如何与这种人相处就成了一门学问，需要我们在生活中不断地去观察才能有所得。

越爱说"绝对"越没有自信

心理学上有一种反应叫"应激反应",在这个反应出现之前,首先是心理空白期,也叫冻结反应,这个时期有的人时间长,有的人时间短,时间短的人被称为是反应快。这种冻结反应是惊讶的特征,惊讶过后,人的身体会急速恢复到一个正常的数值,根据刺激源的不同表现为不同的行为。如果是正面的刺激,会迅速出现预约的情绪,出现负面的刺激时会出现负面情绪的流露。但是人的空白期过后表现的不是一个夸张又饱满的动作,而是一个极小的反应,极易被人们忽略,但是却表现了人们对这个刺激的真实反应,这就是微反应。而有的人在自己不确定的情况下,急需向人保证,会在空白期过后出现"肯定"、"绝对"等语言重复自己的观点和看法,但是往往在满嘴"绝对"的表面掩盖下,人们的内心藏着惊疑不定。这是不自信的另一种表现。

我们的身边往往有着这样的一些人:他们总是把"绝对"当成自己的口头禅,自己也是一副自信满满的样子,殊不知,这样的人表现的恰恰是自己不自信的一面。这些人比较主观,常常以自我为中心,甚至不切实际的空想,或者是过于天真。

这种在日常生活中喜欢说绝对的人,往往在被别人驳倒之后急于掩饰内心的不安,总要找一些理由让别人接受自己的观点,或者是解释自己的行为。其实在这个时候,他们往往在内心已经开始怀疑自己的观点,但是为了面子,要绝对地肯定自己。

这个词往往还会变成他们的挡箭牌和借口,我们通常见到领导对下属说:"只要你完成任务,绝对会升职的。"领导往往用绝对来重复和突出自己的权威,突出自己的重要性,让自己看起来很有威严。但是往往这种是不自信的表现，在他们的内心当中其实也有疑问和顾虑，但是为了把自己的地位提高，就进行了虚假的承诺。

如果有一件坏事发生，你的朋友被怀疑，你就会说："绝对不可能是他！"其实在你的心中也不确定到底是不是他，但是鉴于他的日常表现和在你心中的人品，你只是感觉不是他，但是你已经开始怀疑了……

所以，老是把"绝对"放在嘴边的人，恰恰是因为内心的迟疑和软弱，需要用肯定的句子为自己增加自信心，也是

> 自信多半是由自己专长和感兴趣的事情所组成，人们对自己的长处有相对的信心，但是对短处需要别人的肯定。在遇到一直说绝对的人的时候，就应该明白，他说的"绝对"是带有客套性的话语的，不可当真。这也是一种识别人的方法。

一种把自己推上绝路的做法。有一句话说：如果你想翻过一座墙，就要先把自己的帽子扔过去。说绝对的人也是这个心理，先把帽子扔出去，自己就有了爬墙的动力，有了绝对的承诺，人们也会有了解决问题的动力。

如果一个人没有自信的话，别人的肯定和自己的肯定对于他们来说就特别重要，经常说"绝对可以"的人代表他们需要更多地鼓励和肯定。通常没有自信心的人，疑心病都会特别重，比如男女朋友在交往的过程中，可能会对自己的外表没有自信，觉得自己经验不足没有自信，觉得自己能力不足没有自信等，他们就会喜欢别人叫他们"帅哥"、"美女"，喜欢别人的赞扬和尽量做到自己承诺的事情。

老说别人好，其实是想得到别人同样的回应

付出总有回报，而在实际生活工作上，有些付出似乎还是得不到回报，但每个人的付出总是希望得到回报的，这种心理被称为是效应理论。它表达的是人们对物品和服务的需要，是人们的需求以及欲望的满足。回报的多少和好坏是人们用来衡量下次是否继续付出的标准。

事情的起因往往是一种回报，也是反映事件结果的客观原因。人们在付出的时候总有一个预算，计算自己能够得到什么样的回报。回报的稳定性也决定了人们下一步是否付出和付出程度。

我们经常说施恩莫忘报，这在某个角度分析是错误的，这只是人们对别人的期望，即使是说这句话的人。人们的实际心理是在得到了帮助之后才会想着去帮助别人，有人提出了效用递减定律：当效用还未达到边际的时候，总的效用随着总消费的增长而增长，但是增长的速度呈下降的趋势。当效用达到边际的时候，总效用就不再随着消费而增长了。这个规律很好地解释了人们为人处世的一些态度，特别是对待父母的关爱。

我们在理论当中可以把父母的关爱看做是一种消费，而子女从父母身边得到的关爱可以看做是总的效用。当父母只关心子女的时候，总效用是在不断增长的，但是父母的爱看似没有减少，但是在孩子长大的时候，父母开始期望孩子给他们某种程度的回报：在孩子成长的过程中，父母希望他获得荣誉或者比别的孩子强，成长为自己的骄傲……

随着孩子的慢慢长大，当然这种效用是持续的，孩子长大、父母老去的时候，希望可以得到依靠，而孩子对父母的关爱显然没有预期的那么多，所以总的效用来说，是停滞不前的。

过去我们把只管付出不求回报看成是一种真理，这实际上是一种误

186

导，对人类的心理而言，付出和回报应该是成正比的。所以当有人夸奖你的时候，实际上他也在等待你的夸奖，这是一种心理需求。同样，如果别人为自己付出的话，而自己无动于衷，那么就会出现一种负疚感，这种负疚感往往会导致心理失衡。有的人会说自己的思想行为素质高，从而昭然若揭地说自己不求回报，其实这是一种苍白的说辞而已。我们来看一个例子。

小王是某出租车公司的司机，某天一位乘客把自己的钱包落在车上，被小王捡到。小王一直在根据钱包里的东西寻找失主。钱包里有很多钱，小王心想着找到失主，怎么着失主也能给自己一千两千的做回报吧，自己客气一下，最后也能留个几百元钱吧……

通过网络、报纸等渠道，失主打出了"如有线索，重谢"的话语，小王联系到了失主，但是双方见面后并不像预期的那么顺利，失主拿出一百元钱来答谢，小王很生气，突然说找错人了，这不是失主的钱包……

最终两人闹上了法庭……

通过这个例子我们可以看出，小王积极地寻找失主是给了自己一个期望值的，预算自己会得到什么样的回报，但是一旦低于自己的期望值，就会引发矛盾。虽然被人斥责为不符合拾金不昧的道德规范，但是小王一直坚持自己是对的，是失主太小气。

经常夸奖别人的人的潜台词是：既然我夸你了，你也要夸夸我呀！他希望得到预期的回报。

总之，根据常人的心态而言，如果在付出的时候能对回报的期望值小一点，或者是多一点满足的情感，那人们的生活会更加的和谐快乐。

从微反应上来看，每个人的行为和语言都是有潜台词的，带着某种目的性才去做事情，没有人会真正做到心无旁骛、无目的，即使是人无目的地漫游也是带着疏散自己心情的意思。别人在夸赞你的时候一定带着某种潜台词，这个时候，要读懂他的内心，才能够得到预期的效果。

二、从无意识行为了解其人

在生活中，我们有很多的行为是无意识的，甚至是连自己都难以察觉发现的，如当听到重大好消息的时候，有的人会手足舞蹈；有的人会淡然一笑；有的人会镇定自若等，而这些表现都不是天生就具有的，而是在个人成长的过程中由于个人心理反应的不同长期促就的无意识行为。

喜欢听正面信息的人

你托朋友为你办一件事，结果出来了，朋友对你说："有两个消息，你想先听好消息还是坏消息？"

这样的场景在电影中我们也经常看到，不同的人会有不同的回答结果，有的人会选择先听好消息，这类人一般没有长远的眼光，做事很少会有完整的规划，属于"今日有酒今日醉"型。而选择先听坏消息的人则不同，他们一般都具有较强的责任心，自信，眼光深远，对未来有很清晰的规划。

当然，太喜欢听负面消息也不一定是好事，据心理学家研究，听取过多的负面信息会对人产生不良的影响，经常听取坏消息会让人处于一种常压状态，如果这种压力得不到合适的释放，很容易产生过激行为。因此，不管是某人喜欢听正面消息还是喜欢听负面消息，我们需要从多角度去分析理解。

　　王强是某文化公司的一个编辑，每天工作离不开电脑及网络。由于天天接触网络，除了日常的工作外，社会新闻也是他比较关注的。

　　最近他在网络上发现了一个很奇怪的现象，很多网站上一些负面信息点击率总是很高，比如某某明星出轨、某国发生了战争，等等，而且转载率非常高，一会儿工夫会传遍很多的网站。

　　自从发现了这个有趣的现象之后，他注意观察了身边的人，让他惊奇的是，很多人总是会无意识地去讨论这些负面信息，而且还特别的起劲，对于正面信息，比如经济的发展、某行业的技术创新，等等，在他们的嘴边总热不了几天。

　　这让他很是不明白，为什么大多数人总会有这种行为呢?

　　仔细观察自己身边的人，这种现象在我们身边其实非常普遍，首先，我们对总是被一些受负面信息吸引并喜欢传播的人群进行分析。从心理学的角度讲，这种心态被称之为坏消息综合征。而从另一个角度讲，这类人群除了追求新奇外，还受压力大、从众心理等因素的影响。仔细观察你会发现，一些坏消息总是与我们的生活和工作相关的，当某人心里感到不愉快时，负面消息可以给他安慰，让心中的压力释放。这其实是一种很正常的心理，在社会竞争激烈的今天，其实很多人都有这样的心理。

　　反过来，喜欢听正面信息的人是不是心中就没有压力、不追求新奇的事物呢? 举一个例子，比如领导交给下属一个任务，下属办完之后向领导报告，有的领导会满怀自信地迫不及待地问: "怎么样，事情办的顺利吧?" 再比如某人听到一个社会上的正面新闻，就算与自己毫无关系，心情也会好很多。其实这是一种积极自信的心态。

　　喜欢听正面信息的程度与人的年龄也有一定的关系，美国心理学家曾经做了这样一个研究:他们在 18 岁到 51 岁这个年龄段选了 51 个人，然后让他们参观各种图片，包括小动物被虐待场面、车祸场面、祝贺场面等，每个人在看图片一秒钟之后，要把其归纳到正面、负面、中性其中一类，然后研究者通过脑电图对其进行扫描，发现年龄越大的人选择负面的越低，对负面信息反应越弱。这说明随着人们年龄的增大，人们对负面信息的关注度会慢慢的减弱，而对正面信息会更加感兴趣。

而我们知道，年龄越大的人阅历越丰富，心智会越成熟，做事会越稳定，他们的选择都是与这些因素有一定关系的。因此，可以表明，在多数情况下，喜欢听正面信息是一种自信、积极的表现。

失恋后心态很快恢复的人

婚姻是人生最为幸福的事，而恋爱是这件事情的开始，当恋爱终结的时候，婚姻就会又远离你一步，即将到来的幸福会离你而去。失恋对每个人来说都如同一杯苦酒，尝过之后，会在自己心灵的深处落上深深的印记，痛苦不堪，久久不能抹去。

失恋会让一个人身心煎熬，尤其对于男人，通常自尊心都比较强，生活中的义务、责任、期望也比女性要多很多，因此，失恋对男性的打击是巨大的，可能会让他们失去人生的信念，甚至是生活的勇气，因此，很多失恋的男人都会惆怅郁结，难以走出心中的阴影。这是在当下很多男人身上发生的一种普遍现象。

但也有些男人在失恋之后会迅速地调节自我，走出阴影，进入新的恋爱生活，并很快地牵起新的恋人之手。这与大多数人失恋后而痛不欲生的人相比就非常有意思了，这种反应是他们真实的反应吗？他们为什么在失去恋人之后能迅速恢复呢？

张斌是某汽车销售公司的一名销售顾问，由于工作能力强，业绩好，生活过得很是滋润，但上个月张斌失恋了。可是和张斌一起上大学并在一个城市工作的好友觉得，失恋对他根本不算什么，认为他不仅生活工作比较滋润，恋爱也很是"滋润"。张斌的好友为什么会有这样的感觉呢？

首先要从张斌的大学开始，张斌上大学期间，在上大二的时候就开始了第一段恋爱，女友和他是一级的。可能是因为初恋，彼此都付出了很多，刚开始的时候两人几乎是形影不离。而这段恋情仅仅维持了一年，原因是女友觉得和张斌生活观念不同，于是，张斌第一次失恋了。

看到张斌失恋，身边的好友担心张斌过于难过，都热心地开导他，"想开点，这是很正常的事情"、"天涯何处无芳草，还有更合适的在后面等着你呢"等。不知道是朋友的劝解有效，还是张斌想的比较开，失恋后的两个月张斌又开始恋爱了，而且这次恋爱是在轰轰烈烈中开始的。情人节那天，张斌买了一大篮子玫瑰花，站在女生宿舍门口向对方求爱。

之后，张斌重新坠入了爱河，恋爱关系一直维持到现在，也就是毕业后的第一年，在某汽车销售公司担任销售顾问。张斌又失恋了，理由是女方认为他没有进取心。大学的好友觉得这次失恋一定对他打击非常大，又开始对其进行劝导，张斌刚开始确实有点难过，每天上班没有精神，茶饭不思。一个星期之后，他似乎跟没事人一样，开始追公司的一名女同事，重新开始寻找自己的爱情……

失恋对每一个人来讲都是痛苦的，有的人很长时间都难以从这段痛苦中走出来，就算重新恋爱了，对前一段爱情也会念念不忘，时常想起。当然，恋爱时的程度不同，恢复的程度也是不同的。但有的人不管是刻骨铭心的恋爱还是平淡无奇的恋爱，都会很快的恢复，如案例中的张斌，这类人的心理是怎么样的呢？

通常做出这种行为的人都是

有的人的恋爱观是"为爱而生，以死殉情"；有的人在"受伤"后会迅速找到良药；而有的人觉得恋爱就是一场游戏。因此，失恋后恢复的程度也会有所不同。而这些无意识的行为反应也说明了一个人对恋爱的态度以及面对痛苦时的自我疗伤能力。

无意识的，属于一种无意识反应，我们结合案例对这种无意识行为进行一个分析。

第一，正确的方式方法可以迅速化解人失恋后的痛苦。比如某人失恋之后通过看心理医生或者学习一些心理恢复技巧，也会很快地从失恋中走出来。这类人"自我疗伤"能力比较强，在遇到问题后会主动地去想办法解决。

第二，恋人对彼此的影响。在恋爱的过程中，如果他觉得对方并不适合自己，发现对方身上很多缺点都是自己无法长期容忍的，在这种情况下，对方在他心中的地位就会降低，失恋之后自然会很快恢复。

第三，个人的恋爱婚姻观决定了恢复速度。有些人比较重感情，恋爱观念比较保守，觉得既然恋爱了就注定以后要在一起，因此，恋爱期他会倾其所有，而失恋后他会觉得失去所有，因此很难恢复。反之，有些人的恋爱观比较开放，觉得合则在一起，不合则分开，没有什么大不了，因此，恋爱给他带来的伤害是很小的。案例中的张斌就是此类人。

"我总是很不幸……"的人

这个世界上没有最不幸的人，只有更不幸的人，而有的人觉得自己总是很不幸，什么倒霉的事情都会让自己遇到，好的事情却不会在身边发生。他们将"哎！我怎么就这么不幸呢。"时常挂在嘴边，甚至已经成为了一种无意识的行为。

在职场中，我们经常会听到这样的抱怨：

"这什么世道，苦活累活我们干，而他们总是出风头，凭什么他们的运气就比我好？"

"工作这么多年了，始终在干一些杂七杂八的事情，自己怎么就这么倒霉呢!"

"这么不讲理的老板为什么总是会让我碰到呢!真是不幸。"

"我的运气怎么这么不好,受伤的人为什么总是我!"

……

这样的抱怨在办公室中我们经常会听到,客观的分析,他们真的很不幸吗?如果如上所说,很多不好的事情都让自己遇到,确实是不幸的。不幸只是一种发生在个人身上的表现形式,面对这种形式,不同的人心里想法也大有不同。

王静大学毕业已经工作一年,工作并不是很好,因为她做的这份工作并不是自己感兴趣的,但为了生活,只得去做。或许是因为工作没有激情的缘故,与领导及同事的关系相处的不是很好,这让她很是郁闷。

王静是农村出身,很多事情与父母的观念都大相径庭,因此,经常会和父母闹矛盾,最近因为工作的事情和家里又闹了矛盾,让她心里很是不痛快。

由于在异乡,亲朋好友很少,她经常一个人独处。前段时间交了一个男朋友,是自己的初中同学,两人刚开始相处得很好,男方家里也是农村,没权没钱也没势,几个月后两人最终因为生活经济问题而经常吵架,动不动就互相发脾气。

王静经常一个人回想自己的不快,如祥林嫂一样自言自语道:"我怎么就这么不幸呢……"

我们可以想想自己以及自己身边的朋友,这些事情在很多人身上都有发生,有的甚至比案例中王静遇到不愉快的事情更多,而他们也不全部说是自己不幸的。因此,说"我总是很不幸"的人与其的心理、心态有一定的关系。

《怪诞心理学》上说,当一个人总觉得自己不幸的时候,更容易遇到不幸的事情,而当一个人总觉得自己幸运的时候,更容易遇到幸运的事。这是一个很有趣的事情,甚至觉得不可思议。其实,之所以这样说确实是有一定科学依据的。当一个人总感觉自己是幸运的时候，那么他的心态就会变得积极，自信。做任何事情都会期望好的结果，也会朝好的方向努力。因此，这种心理会促使他的行为更加的有效。而总是觉得自己不幸的人则不同，他们在遇到困难的时候，总会想到以前的困难及挫折，拿以前的不幸与当前的不幸做对比，由于"不幸"因素的影响，会让他们在做事的时候瞻前顾后，继而影响最后的结果。

促使他们觉得自己"总是不幸"的一个因素就是缺乏自信。比如，一个人在工作的过程中承受了一定的压力，觉得自己可能完不成，为了找到心理上的慰藉，他会拿身边的人作对比，发现他们都没有自己压力大，继而觉得自己很不幸。而这一过程的完成对于当事人来说是无意识的，他觉得理所当然，因此这种不自信他自己很难发现。

当然，还有一类人是因为在成长的过程中受到过心理上的刺激，如前面提到的鲁迅笔下的祥林嫂，因为之前遭受到的不公待遇，自己的儿子被狼吃掉，所以逢人会说自己的不幸。这种行为的发出也是无意识的。

一个人总说自己"很不幸"，其实不是他真的不幸，而是因为心理上遭受到了某种刺激而造成了这种"不幸"。反映了一个人成长的曲折。

闭上眼睛想问题的人

睁眼闭眼是人们日常生活中最为常见的一种行为动作，就拿闭眼来说，有的人闭眼可能是为了睡觉，做美梦；而有的人闭眼是为了想问题，思考某件事情用什么方式解决最为稳妥，执行的过程中该注意些什么问题等。

思考问题是每个人每天都要做的一件事情，有的人会边喝茶边思考，比如在企业中某些管理者会邀几个精英骨干，边喝茶边讨论思考问题；有的人会边抽烟边思考，比如毛泽东主席在面对重大事件的时候，总是要抽支烟，然后深思熟虑某些问题。这些都是日常生活中最为常见的思考问题的方式。而闭上眼睛思考问题体现了这类人什么样的心理呢？

　　杨迪是某集团公司的一名助理，前段时间刚刚结婚，由于夫妻两人即将面临异地分居的生活，不得已，杨迪辞去了原来助理的工作，回到老婆所居住的城市。

　　不久，杨迪又重新找了一份工作，在河南某个宝石有限公司还是任总经理助理，对于工作来说，虽然和以前行业不同了，对该公司总经理秦总也不太了解，但是他想，万变不离其宗，只要处好与秦总的关系，起到承上启下的作用就行了。

　　刚来的几天，工作一切还算顺利，总经理对他也特别的照顾，可后来发生的一件事情，让他觉得他对总经理还不够了解，不能够完全做好助理工作，还需要对秦总进一步的了解。

　　这天，一位业务员打来电话说，有一位刚刚开发的大客户，对公司特别重要，而竞争对手将价格压到了公司规定的最低价，请示总经理该怎么办。

　　杨迪接到电话后觉得这件事情非同小可，如果自己处理不当得罪客户自己可承担不了。于是他告诉客户，自己请示总经理，十分钟后给他回复。

　　杨迪将事情完整地向秦总说了一遍，秦总脸上也露出了为难的表情，而杨迪焦急地等待着秦总最后的决策。大约过了一分钟后，秦总坐在办公桌前闭上了眼睛，大约过了 3 分钟，秦总还是没有任何的指示，当然也没有睁开眼睛。杨迪以为秦总睡着了，于是走到办公桌前，轻声地叫道："秦总，您看这事怎么处理？"

　　谁知秦总睁开眼睛生气地说："你没看见我这不在想办法嘛！"

　　秦总的这一行为，让杨迪很不知所措。

　　案例中秦总在接收到杨迪的问题之后，随即就闭上了眼睛，其实这是在思考问题，而并非杨迪心中所想的困了睡着了，由于对秦总这一行为不了解，所以最终导致了秦总对其的不满。

我们来分析有些人在思考问题的时候为什么会闭上眼睛？

首先，人在闭上眼睛的时候，眼前所有的物体就会被"屏蔽"，这样做有利于精神的集中，有助于人更加专一的、清晰的去思考问题。从而做出周全的决策。

因此，可以说某人闭上眼睛想问题，首先说明他是一个善于专心想问题的人。如果你的上司面对难题做出了这一行为，那么请不要打扰他，等眼睛睁开后他必然会给你一个决定。

其次，闭上眼睛想问题会让一个人更加冷静，思考问题会趋于理智，我们现在可以闭上眼睛感受一下，我们的心会慢慢地静下来。因此，这也是一种让浮躁、激动的心静下来的方法。

最后，当很多人在一起交流探讨的时候，如果有人闭上眼睛思考，可能是为了屏蔽某人对自己思考的影响，因为某人的行为或者眼神可能会影响他做决定，所以才会闭上眼睛。

总之，我们需要明白，面对问题的时候，如果某人无意识地闭上眼睛想问题，需要根据环境进行分析，也许是一种思考问题的习惯，也许是无意识地屏蔽某些事物。

朋友为何不停赞美他人

我们知道，在交际中要想和对方建立一个良好的沟通基础，让对方愉悦地和你沟通，赞美对方是必不可少的。就像是寒冷冬天里的一抹阳光，可以温暖对方的心，让对方有些微的感动，然后促使在接下来的沟通中以诚相待，更加顺畅。

但是，我们会发现身边的有些朋友在交际的过程中不但喜欢赞美别人，而且还不停地赞美别人，即使对方已经感受到了朋友的热情，但在交际的整个过程中还是会一如既往地赞美下去。如果是这样，那么这种赞美就不仅仅是一种沟通技巧了，而是一种无意识的行为，或者说是习惯，发出者还有别的诉求。

他不停地赞美别人不仅仅是为了得到对方的好感，而是心中还有他求。

张辉和中宾是某销售公司的两名业务员，主要工作就是找客户销售产品。今年以来，由于市场竞争力加强，业务变得越来越不好做。于是公司老总请了一位培训师为业务员做培训，以此来提升业务员的销售技巧。

培训第一天刚开始，业务员和培训师彼此之间都不是很熟悉，所以大家都比较拘谨，但培训师是一个非常开朗的人，渐渐地大家也熟悉了起来。每一节课讲完，为了表示礼貌，同学们都会夸赞听了老师的课受益匪浅，培训老师自然也很高兴。

第二天，培训老师一进门张辉就微笑着对培训老师说："您今天的衣服真帅啊！"老师微笑着给予了回应。中宾想，这张辉可真会讲话，一句话就让老师这么的高兴。随后老师提出了一个问题让业务员给予解决，没有一个能够回答完整的，当然也包括张辉和中宾在内。这时，培训老师根据经验说出了自己的想法，而张辉马上不失时机地说："老师您说的太对了，这样确实能够解决客户与我们之间的问题……"

就这样，一天的培训课下来，培训老师和其他业务员交流的时候，业务员总会认真地听然后记笔记。而当培训师在与张辉交流的时候，张辉总会不断地夸奖培训老师。最后，可能是培训老师觉得总被别人夸奖有点不好意思，于是对张辉说："今天你的进步也很快，以后一定会成为一名优秀的业务员。"

听了培训老师夸奖的话后，张辉脸上露出了喜悦、自豪的表情。

中宾看到这一幕，终于明白了张辉不停赞美老师的真正原因。

不错，张辉不停地赞美培训师，其实主要目的是为了得到培训师的赞美。而且这种行为对于赞美者本人根本无法发现，属于一种无意识行为。

每个人都喜欢听赞美自己的语言，都希望得到他人的认可，这是一个人心理很正常的需求。为了满足这一心理需求，在职场中有的人会努力工作，做出业绩，然后给上司同事看；在生活中，有的人会主动把自己的优势、成功呈现在对方面前，让其来评判等，这都是为了获得认可而采用的非常普遍的方法。如果对方有上述表现，我们应该给予适当的赞美，获得其好感。

> 在人际交往中，赞美他人是必要的交流手段，而不停地赞美他人，是一种想要得到他人赞美的需求。

还有一种诉求赞美的表现形式，就是案例中张辉的做法。他们用不停赞美别人的方法来满足被别人赞美的需求。有这样一种情况，比如当甲求乙办事时，甲可能也会不停地赞美乙，目的是希望乙答应甲所求之事。这种情况在当代已经越来越少，因为我们知道，当你不停地赞美对方的时候，其实是一种过度赞美行为，这就变成了"拍马屁"，甚至会使被求者有反感的心理，因此事往往是很难办成的。

所以，通常情况下只有一种解释，那就是一个人不停地赞美对方，对方必然心里会感到不适，而对方为了平衡这种不适，那么就必须适当的赞美此人，因此，也就达到了此人的心理需求。

第7章
下意识的行为说明什么：
通过癖好，解读深层次的人性

通过微反应，我们可以了解到，人们下意识的行为会表现出其不同的特性，由此，通过一些癖好、习性也能够从很大程度上帮助我们窥见深层次的人性。

癖好与人性解密图例

通过微反应，我们可以了解到，人们下意识的行为会表现出其不同的特性，通过一些癖好、习性也很容易看出其对事物的认知和做出相关的反应都是完全不同的。比如，有的人坐位置喜欢选择靠近窗户的方向，有的人总会经常翻手机等，这些都是我们在日常生活中所能接触到的下意识行为，那么这些下意识的行为又说明了什么呢？

1. 打电话时的下意识动作解密

心理解密：打电话虽然是相隔两处讲事情，但人们在微反应时，仍然会做出下意识的动作。比如，下意识地用手势的肢体语言来增强自己的自信心，使兴奋点达到平衡状态，以希望用动作来增强别人对自己的信任。

2. 开车时的下意识动作解密

心理解密：在开车的时候，隐约听见有车子过来的声音，便下意识地看看后视镜；一听到广播里播路况就竖起耳朵仔细地听，这些下意识的动作，都表明该司机非常注重安全。

3. 手握杯子部位的下意识动作解密

心理解密：通常情况下，下意识地手握杯子中间部位的人，性格比较随和，容易接触；手握杯子下方的人多半小心谨慎，在谈话时，对字里行间的话语比较敏感。

4. 公交车上选择座位的动作解密

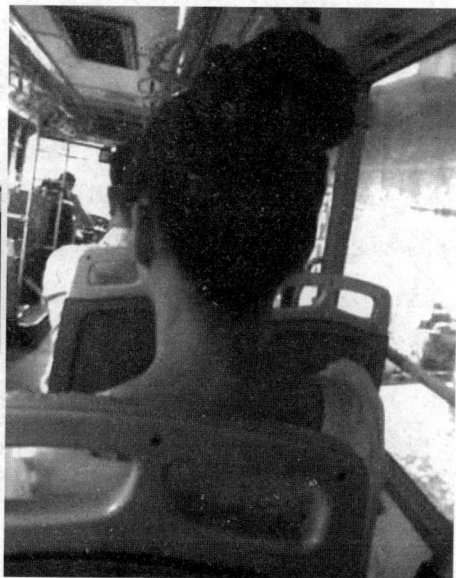

心理解密：在公交车上选择座位时，喜欢坐后面的人，通常自我保护心理比较强；喜欢找与慈眉面善的人坐一起，说明此人警惕心非常强，有一种自我防御意识。

一、下意识动作解读

在生活中下意识的行为非常多见，从微反应角度来说，下意识是人在长期生活中的经验、心理作用、本能反应以及心理和情感的暗示等不同的精神状态在客观行为上的反应。下意识行为通常是由人的本能、性情或其他"人"本身的先天因素引起的，如我们在遇到危险时，总会下意识躲避或抵挡，做出一些"趋利避害"的行为，这是人进行自我保护的本能。

下意识动作反映真实的自己

在微反应中，下意识动作是更侧重于对反应做出的行为，表现一个人内心变化的结果。那么，在人们小动作的背后到底隐藏着什么？这是我们这章节所剖析的重点。我们可以根据不同的身体语言来分析人们的内心反应，认识最真实的自己。

对于人体的身体语言，我们可以分为很多种，根据不同的肢体动作可以做出不同的反应，如冻结反应、安慰反应、逃避反应、爱恨反应、领地反应、胜败反应、仰视反应等，与此同时，这些肢体反应也反应出了每个人的不同之处。

当一个人的眼睛往左上方看时，这个人可能是在准备说谎，这是因为左脑主要是控制抽象概括思维的；当一个人在与人交流时，眼神不敢与人接触时，说明这个人可能在说谎，这里所做出的便是微反应中的逃避反应，他在逃避刺激源；在与人交谈时，紧闭双唇，下巴肌肉隆起，说明内心不满等。

不同的下意识动作，反映出不同的自己，同时也能看到最真实的自己，人们在解读下意识动作反应的同时，不仅要认识到下意识动作所带来的反应，更重要的是能够更好地将自己的缺点包裹起来，彰显与众不同的自我。

曾经有家跨国企业招聘员工，王丽和李雪都通过了海选进入初试，又从初试跨入复试，最后终于到了公司决定去留的面试环节，企业人事部经理把王丽和李雪都叫进了办公室，对她俩说："很高兴在这里见到你们，你们两位都非常的优秀，公司原计划该岗位只招一个人的，现在考试是否让你们二位同时入职，现在我有一个问题要问你们，请你们仔细回答。"王丽和李雪两人面带微笑地对着经理，并微微点头。经理问："请你们说出你们母亲的生日是在哪一天？"

李雪在经理提出问题后，先是脸色霎变，然后嘴角微微翘起，眼珠在眼眶内来回转动，没过一会儿，李雪面带微笑，头微微上仰，眼珠四处转动，用最清脆的嗓音将母亲的生日说了出来，很镇定地一只手搭在桌子上，手指在桌子上来回地弹动。

王丽听到经理提出的问题后，脸色大变，由刚才的面带微笑突然变得僵硬，嘴唇紧闭，头微微下垂，眼神微低直视下方，双手微微颤抖，双腿往后微微挪动，脸颊微微发红，低头不语。

故事说到这里，谁最终通过了面试呢？

下面我们从微反应的角度来分析这两人的真实自我，便可以知道谁是最后的赢家。先来看看两人的面部表情，王丽在听到问题后面部表现出紧张的情绪，由刚才的面带微笑，到低头不语，说明她当时并不确定自己母亲的生日是在哪一天；而李雪却是从面带微笑到脸色霎变，又将霎变的脸色转向淡定从容，但是，她忽视了自己的眼睛，在回答问题的时候，李雪的眼珠四处转动，避开与经理的眼神交流，说明李雪在说谎。再看两人的肢体动作，李雪的一只手搭在桌子上，手指来回弹动，说明李雪在考虑事情，故做淡定；而王丽却双手十指交叉，凸显紧张内心，双腿微微向后挪动，形成肌体力量对抗平衡，抑制紧张，建立自卫屏障，到最后王丽没有答出自己母亲的生日，但却表现出了最真实的自我。

一个人的下意识动作反映了最真实的自己，任何装和藏都将会是暴露自己最真实一面的最佳切入点。微反应是人类几千年生存繁衍进化的产物，是人们自我保护时的一种本能，它不受人的思想所控制。因此，下意识动作反应最能准确反映内心下意识想法的根源，一旦观察到了微反应，那么，就必然会看到我们最真实的内心。

打电话手不闲着的原因

有的人认为下意识动作很多都是无意识所造成的，其实不然。从心理学意义上讲，下意识是人的不自觉的行为趋向。而无意识是指一些不会进入意识层面的东西，无意识并不是心理学所特有的概念，它是以哲学、精神病学、心理病理学、法学、文艺、历史学等学科所共有。由此也可以看出，下意识和无意识是两种不同的概念。

> 人与人之间的交流，或多或少地会有些附带手势的意图，这样做一方面有利于更明白地表达自己的意思，另一方面也暴露了自己真实的想法。

在人际交流中，很多肢体语言都是在微反应的情况下所做出的下意识动作，通过这些动作来掩饰内心的惶恐、不安或者紧张的情绪等来平衡当时的内心状态。一般情况下，人们在思考问题时，普遍使用的是小脑，而大脑处于创造状态，人们会下意识地为达到肢体平衡，四肢做出不同的下意识反应，如有的人在边打电话的同时，另外一只手总是在干一些其他的事情；有的人睡觉的时候总是喜欢抱着枕头；出门的时候，会下意识地关灯……

参照弗洛伊德的心理学理论，从完全的心理学角度分析我们得出，下意识是在日常生活中主要由长期生活中的经验积累、遇到事情时的心理作用和一些天生的本能反应以及心理和情感的暗示等，精神状态在实际行动中所做出来的反应。

方琼是某公司的高管，每周都要组织下面的员工开周总结会议，在一次会议上，方琼正在激昂地发表自己的演说，一只手拿着投影仪控制器，另一只手龙飞凤舞地比画着自己所想表达的言辞，突然间电话震动一响，方琼很尴尬地向大家摆手轻声地说道："不好意思，接个重要的电话。"随后方琼便下意识地走到了会议厅的门外去接听电话。

恰巧，在监控室的保安发现了方琼接电话这一幕的有趣现象。保安看见方琼在接电话的时候，在会议室门外的楼道间拿着电话来回走动，另一只手也没闲着，不停地用手在比画，时上时下，忽左忽右，有时候又将手扶在栏杆上，一会儿又对着墙壁手在墙壁上画圆，一会儿又将手插在自己的腰间，动作丰富。

接完电话后，方琼在会议室的门外先是稳定了一下自己的情绪，然后整理了自己的衣角，以最快的速度回到了会议室，然后面带微笑地说："伙伴们，我们继续刚才的话题。"随后方琼便又重新投入到刚才激昂的演说当中。

从这个案例中，我们不仅要看到方琼接电话时丰富的肢体语言，更要通过方琼这些肢体语言判断出电话对方琼来说是非常重要的，方琼在会议的时候电话是调成震动模式的，正当演说激昂的时候对方打过来电话，如果是个无关紧要的人，方琼可以暂不接电话，但是方琼此时是暂停了自己的演说外出去接电话，说明这个电话对方琼十分重要。

与此同时，从方琼的肢体语言中，也能确定的一项就是他们之间聊的话题肯定是带有争论性的，不然方琼也不会在边接打电话的同时指手画脚，手舞足蹈。在微反应中，下意识肢体语言会增强自己的自信心，使兴奋点达到平衡状态，总之是希望用动作来增强别人对自己的信任，虽然是隔着电话在讲事情，但人们在微反应时，仍然会做出下意识的动作。

上电梯和爬楼梯的人

生活中，人们会根据自己的需求做出不同的下意识反应。顾名思义下意识动作，是根据人们的经验积累、本能反应以及内心心理等所做出来的反应。人们在面对同样一件事情，不同的人会做出不同的下意识动作，这些都和各人的日常生活和本能反应息息相关。

从微反应角度来讲，在日常交谈中，通过对谈话者做出下意识行动的剖析能够更加准确地了解对方下一秒将会做出什么样的决定。人们在推销自己产品的时候，最快、最有效的方法就是找准对方的内心需求，只有有了需求才会有达成交易的可能，一些经验丰富的销售人员便会设法去探知客户的需求，如通过一些语言上的沟通，或是通过对客户的面部表情和下意识肢体语言等。

李强和王磊两人同住一个小区，王磊今年二十八岁家在 C 座八楼，李强今年三十五岁家在 C 座十五楼，但俩人却从未碰过面。李强每天上下楼都是爬楼梯，几乎见不到他乘电梯上楼。而王磊每天上下楼都是乘坐电梯，无一例外。

一次偶然的机会，李强和王磊在楼道间碰面了。李强便主动向王磊打招呼说："哥们，你也住在这幢楼啊？"

王磊见李强热情地向自己打招呼，便也很随和地回答道："是啊，我住这里也有段日子了，平时怎么都没见过你啊？"

李强说："我家住十五楼，你家在几楼？"

王磊答道："哦，那你爬的楼层要比我高好多哟，我家在八楼，爬个楼我都喘死了！"

王磊边和李强说话，一边手插在腰间气喘吁吁地爬着楼梯。李强听了王磊的话，笑呵呵地说："哥们，你住这没爬过几次楼吧？"

王磊很惊讶地问道："你怎么知道？我住这有些日子了，天天上下楼都是坐电梯的，今天不知道物业怎么回事，电梯坏了也不来修修，这么高的楼爬着太累了。"王磊仍旧一边说话一边喘着。

李强听了王磊的话笑了笑说："原来是这样，年轻人还是多运动点好，我天天上下楼都是爬楼梯，总觉得现在生活条件好了，做的事情也少了，身体运动量跟不上代谢就不好，时间久了体质会变虚，你瞧瞧你现在不就是，这才上到第五层，你就累成这样了，这样下去可不行。"

从李强和王磊两个人的交谈中，我们可以看出微反应在他们身上体现出来的不同现象，同样是上楼梯，两人在体质上有着很大的差别，从生理学角度方面来说，李强的年纪比王磊大，身体各方面的机能略逊于王磊，但事实并非如此，李强通过每天坚持上下楼的锻炼，身体健康方面应该比王磊要明显好很多，这便是微反应在日积月累下所产生的作用。而王磊由于每天忙于工作，对自己的健康并不是十分注重，以至于在爬一个八楼的楼梯时，如同一名五十岁的长辈在爬楼，与李强相比相差太大。

同时，除了客观原因之外，喜欢爬楼梯和坐电梯的人还受到其他的心理因素影响。比如有的人会觉得坐电梯始终是不安全的，所以在楼层不高的情况下他会选择走楼梯，这类人要么与从小受到的安全教育有关，要么曾经受到安全的威胁，在心理上有阴影。所以在有一丝威胁到自身安全的因素下，即使会耗费更多的时间、精力甚至财力，他会选择更加安全的方式去操作。从另一个方面讲，这类人缺乏冒险精神。

通过细心的观察会很容易看出这个人下一秒要做的动作是什么，这便是微反应在起作用。观察对方的下意识行为有助于下一步行动的展开。设想，若我们在交谈中，对方没有任何表情和肢体语言表示，彼此的互动就没有继续进行的切入点，这样的交谈是没有任何价值意义的。

微反应在日常生活中无处不在，人们正通过下意识运作创造出一个又一个的微反应。无论是在健康、事业、交友等各个层面，微反应都起着至关重要的作用。上楼梯和坐电梯的人，有着不同的健康状况。

微妙行为，窥探人心

一个人的内心世界，我们可以通过他的微反应推断出来。一个动作、一个眼神、一个细小的触碰，都是打开人们内心世界的钥匙。从心理学角度出发，运用一个人的微反应去分析一个人的心理、性格及其处事方式，这些都是我们在日常生活中不可或缺的，唯有懂得积累的人，才会离成功更近一步。

> 以最快的速度、最有效的方法找准对方的下意识行为，通过对日常点滴的观察和推断，探测一个人的内心世界，有助于更好的交流。

一群伙伴出去游玩，我们会发现，和个别朋友就特别聊得来，可总会有那么一两个怎么聊都聊不到一块去的伙伴。这时，我们会下意识地觉得那个伙伴不合群，或是很难相处，其实不然。之所以与对方没有话题可聊，是因为我们没有找准对方内心的想法，这些现象便是微反应在作怪。运用微反应再通过对日常行为和喜好来判断一个人的性格和心情的好坏，这样会使你在交谈社交方面比其他的朋友更加轻松自如。

在餐桌礼仪形态方面，用什么样的姿式给对方倒茶，用什么样的方式给对方敬酒，如何在交谈时找出对方内心最为关注的话题等，这些都是我们在日常交际活动中经常会遇到的问题。

下意识行为是由内心所指引的有意识的行为动作，人们在做下一秒行为的时候，多半是经过多次经验总结而产生的。如洗衣服时一定是要先把衣服打湿再上香皂，打开盒子时都是先找到开口处，而不是随意找个地方撬开。

娜娜是某公司的一名刚入职的公关人员，每天除了日常的文件处理以外，还要经常外出与客户应酬。初来乍到的娜娜来公司已经有三个月，因为人际关系处理的非常好，手头上所积攒的客户资料比一些老员工的都要多。除此以外，老板对娜娜的工作表现总是赞不绝口。

一次出国交流会，老板想拓展娜娜的潜力，同时也希望能通过这次外出获得一些收获。到了晚上与外国友人一起吃饭的时候，娜娜像平常一样坐在老板身边，先是服务员给每位都倒了杯清水，一个叫约翰的朋友一只手握着杯子的中间部位喝着饮料，面带微笑地和坐在边上的乔治交谈着，乔治一只手握着杯子的下端一边与约翰聊着天。

开席了，娜娜先是代替老板向各位外国朋友举杯敬酒，然后娜娜主动给约翰敬酒，约翰接到娜娜所敬的酒时，双手捧住酒杯，表现得十分热情。紧接着，娜娜给约翰边上的乔治敬酒，但与给约翰敬酒有所不同，娜娜在与乔治交谈时每一字每一句都相当谨慎，娜娜说："乔总，很高兴能到贵国来学习，也很感谢你们的热情款待。"

乔治随即也很随和地说道："我们互相学习，互相进步，只有你们发展了，我们才能互利。"

从故事中可以看出，娜娜是名出色的公关人员，娜娜对每位外国朋友的一些下意识行为看得很是仔细，而且通过这些来了解每个人的习性。

比如，通常情况下，手握杯子中间部位的人，性格比较随和，容易接触，这一点在娜娜给约翰敬酒的时候就有所体现。

而乔治手握杯子下方，这一下意识行为的人多半在做事说话方面都很小心谨慎，在谈话时，对字里行间的话语都比较敏感，所以娜娜在给乔治敬酒时也处理得很谨慎，十分注意自己的言辞。

驾驶员心理的微变化

随着生活水平的提高，人们出行的交通工具也变得更加繁多，站在繁华的大街上，随处可见自行车、电动车、私家小汽车和公交车等代步工具。很多人每天都会因为工作关系而乘坐车辆，所以，驾驶员是我们日常生活中最熟悉的陌生人。

从心理学角度来说，心情引发微变化，良好的心情对大脑反应、认知、实践等方面都起到敏捷的作用。微变化的过程是一点一滴的叠加，愉快、忧愁、失望、悲伤、恐惧、苦恼等，这些微妙的变化都会在不经意间表露在下意识动作当中。

当你每天乘坐公交车的时候，听见驾驶员在发牢骚，你有想过这是为什么吗？

当你开着自己的爱车在公路上行驶的时候，眼前一片宽阔在大道，你的心情又是怎样的？

当你开车走进一条拥堵的街道时，你的心情又会如何？

李欣是某公司的一名销售人员，由于业务繁多，李欣用自己努力攒下来的钱买了一辆小汽车作为自己日常上班的代步工具。李欣对自己的爱车十分疼爱，为了挑选适合自己的爱车，他花费了不少工夫进行了解。终于爱车买到手了，他便驾着自己的爱车在高速上畅快地跑了几个来回练习上路。通过几个来回的练习，李欣自我认为自己的车技还算合格，便决定第二天开着车去拜访客户。

　　第二天早上，李欣开着自己的爱车带客户去看产品，李欣心想这次肯定是一大单买卖，心里一阵狂喜。但是，好的心情就在上路的一瞬间发生了微变化。李欣驾着爱车驶进一条拥堵的公路，车被堵得死死的，时不时还能听见周围车辆喇叭的声响，大大小小忽高忽低的喇叭声，令人听着烦躁。

　　原本与客户在车上谈得愉快的李欣面对着拥堵的路况心情开始变得焦虑，客户是一个相当重视时间观念的人，现在把时间浪费在路上，李欣害怕这单生意会黄，便越发有些不安，也和周围的车主一同按起了喇叭。李欣见有空位可以插，便把自己的车往前开一点儿，又开一点儿，就这样李欣一点一点地向前挪动。

　　这时，坐在一边的客户看出了李欣急躁的心情，便说："小伙子，开车别躁，堵车嘛，常有的事，安全第一。"

　　故事说到这里，我们一起来分析一下李欣心里产生的微变化，一起来预测一下李欣接下来可能会发生什么样的下意识动作。首先，李欣通过自己的努力买到了爱车，他驾着爱车带上客户去看产品，心情是非常愉快的。

　　然而这个愉快的心情被拥堵的路况完全打破，心情由愉快变得抑郁烦躁，原来是排着队等交通指挥员的指挥，到后来的见缝插车，这说明李欣的心里已经到了焦急的顶峰。

　　在这种情况下，一不注意，很容易擦伤他人的车辆，严重的话将会发生一些意想不到的交通事故。

　　当然，经常开车的朋友也总是会在开车时做一些下意识的运作，如在开车的时候，隐约听见有车子过来的声音，便下意识的看看后视镜；一听到广播里播路况就竖起耳朵听得非常仔细，等等，这些都是我们常见的下意识动作，这表明该司机是一个非常注重安全的人。其次，司机的其他反应，也可以说明其的心理变化。

现将驾驶习惯所隐藏的具体信息解析如下。

1. 按规定速度开车的人

按规定速度开车的人，车对他们而言只是一种代步的工具，他们开车的目的并不是为了寻找某种刺激，所以他们能够心态平和地以正常的速度开车。这一类型的人比较传统和保守，他们在为人处世中大多采取中庸的态度，即使有很大的胜算，也不会冒险。他们遵纪守法，从来不做出格的事。他们为人诚实可信，不马马虎虎，所以会与他人建立良好的人际关系。

2. 超速行驶的人

超速行驶的人不喜欢受制于人，很积极向上，而且憎恨权势。大多自主意识比较强，他们讨厌任何一个人为自己立下一定的规矩，并且也不允许有人这样做，如果有人企图要做的话，他们可能就会采取相当极端甚至非常危险的方式来进行阻止，以维护自己。他们对生活的态度是积极、乐观和向上的。他们对名利看得比较淡，只是随心所欲，自己活得快乐就好。

3. 习惯坐后座的人

由他人驾车，自己习惯于坐在后座上的人，一般来讲，他们的取胜欲望是相当强烈的，从来不愿意自己输给他人。他人的成就对他们来说是一种威胁，他们害怕自己会失败，所以会严格要求自己成功。正是在这种激励之下，他们才会不断地前进。他们的自信心很强，而且有良好的自我感觉，并不断地寻找机会以证明自己的重要性。他们希望他人对自己有强烈的依赖性，凡事都来征求一下自己的意见。

4. 开车大声按喇叭的人

遇到红灯或是堵车等情况，开车大声按喇叭的人，这一类型的人，大多是外向型的，脾气暴躁、易怒，在现实生活中，遇到不如意的事情，他们会经常尖叫、大喊、发脾气。他们随机应变的能力并不很强，尤其是在挫折和困难面前，往往不知所措。他们自信心不强，周围人对他们而言常常是巨大的威胁。他们很少有心平气和的时候，总是显得焦虑和不安，而这种情绪的产生可能并没有什么原因或是理由。他们做事效率低,自身的能力也不突出,看不到他有什么样的成就,但却总是显得匆匆忙忙。

5. 开车不换挡的人

开车不换挡的人,他们大多不希望自己的一切被他人安排得好好的,他们更热衷于自己独立去探索一条完全属于自己的道路来走,哪怕在这条路上有许多坎坷不平,他们也毫不在乎。他们不会轻易地向别人请教,而是喜欢凭自己的感觉做事,与此相反,他们会时常给别人一些指教。他们具有一定的责任心,对事情都能够尽职尽责。

6. 绿灯一亮就抢先往前冲的人

只要绿灯一亮,就抢先往前冲,这一类型的人,大多头脑比较灵活,反应比较敏捷,随机应变的能力强。他们习惯于凡事抢先一步行动,这从某种程度上讲为他们的成功创造了许多机会。他们对成功渴望往往要比其他人更强烈一些,他们有较强的竞争意识,生活态度也比较积极,但由于经验不足,也会时常跌倒。

7. 绿灯亮后起步较慢的人

绿灯亮后不急不躁地发动车而起步的人,在他们的性格中,冷静、沉稳的成分比较多。他们在为人处世等方面都是比较小心和谨慎的,总是要等到具有一定的把握以后才会行动。他们追求的最终目的是安全有保障,给自己带来的损失越小越好,他们为了保护自己,很懂得收敛,从来不会表现得锋芒毕露,这样可以避免被人拒绝或是被人伤害。

总之,每个人的驾驶习惯不同,一方面体现了此人的性格,另一方面也彰显了此人的做事风格。当然,由于外界因素的影响,也会让驾驶员心理有一些微妙的变化。

二、不同的爱好习惯，不同的个性

人们在谈论南北方人的时候，经常这样说，北方人豪爽，南方人心细。换个角度想想，为什么大家的潜意识概念里会认同这样的说法呢？每个地方的环境和生活习惯都有着或多或少的不同，由此而形成的一些个性特点也是有着明显的差异。我们评价一个人的个性特点时，往往会下意识地与对方平时的一些爱好习惯相联系，最后下出结论，这就是微反应中的下意识行为所表现的不同个性。

座位的讲究

上小学的时候老师喜欢给我们按身高来安排座位；成绩出来之后有些老师会按成绩的排名来安排座位；上班以后，公司还会划分各自的办公区域；外出吃饭的时候，还有一些主客上座的讲究，等等，可见，生活中座位的安排有着很多的讲究。那么，从微反应角度来说，座位的讲究又是哪些方面呢？

在心理学上，座位的编排是有一定讲究的。心理学上有一种效应叫"邻里效应"，指的是通过对方的一些习性和个性影响身边的人，从而彼此之间产生的一种潜移默化的心理效应。这种心理效应可能是积极的，也可能是消极的。

　　首先，人对座位的选择，也体现了一个人的内在心理。比如我们经常坐公交车，如果公交车上是空的，那么，上车的乘客选择不同的座位心理状态是不同的。可以分这样几类：

　　第一，喜欢坐后面的人，通常自我保护心理比较强。意大利非语言交流学家马克?帕克利曾经对坐公交车人的行为做了多年的研究。他发现，人们在上了空公交车之后，一般不会选择第一排座位，而是选择后排座位。心理学也认为，人们的这种选择是因为特有的安全感造成的。当一个人坐在第一排时，感觉后面的人对自己就是一种威胁，因为他不知道后面的人在做什么。

　　第二，观人找座位。很多人在乘坐公交时喜欢找自己第一眼看上去"顺眼"的人同坐。这说明此人警惕心非常强。比如一个公交车上只有两个空位，一个旁边坐着彪形大汉，一个旁边坐着慈眉面善的老太太，一般人都会选择与老太太同坐。这是一种自我防御意识。

　　第三，在意座位的余温。公交车上人很多，很多人都在站着。到站后一个人下了车，而这时挨着这个座位的人却没有坐，而等了好长时间之后才坐下。这是什么原因呢？

　　主要原因是此人在意座位上刚刚下车的人留下的余温。这类人通常接受能力比较差，而且十分敏感。

　　客观地讲，在日常生活中，不同的座位具有不同的功效。看电视的时候，我们喜欢坐在与电视直视的地方，而不会选择

> 选择不同座位的人具有不同的心理，不同的座位会给他人带来不同的微变化，它会在我们意想不到的情况下，得到意想不到的收获。

坐在与电视斜角的地方，这是因为与电视直视的位置是与电视最近的距离，对于人们眼部和颈部来说是最省力的，人们也更愿意接受抬头就看见自己希望看到的方向；国内的汽车驾驶员的座位在左边，而在一些国家驾驶员的座位却是右边，这是因为一些长期的用手习惯不同而产生的；在布

置房间的时候，设计师通常会把桌子设在靠近窗台不远的地方，主要因为这样的摆放光线比较好。

刘蕾是公司的高管，每次在给员工开会的时候总是觉得员工的参与积极性不高，达不到预期的效果，会前和会后员工没有太多的反应，也没有会议的高潮点，刘蕾很是苦恼。于是，刘蕾向心理医生黄杰咨询良方。

黄杰听了刘蕾的一番倾诉后告诉刘蕾，你回去把每个员工的爱好习惯做一份档案记录，然后再根据每个员工的爱好习惯来编排座位，由原来的一字排列，改成面对面对座。

刘蕾听了黄杰的建议以后，心里有些怀疑，心想，这样做会议效果会有什么不一样吗？一个座位的调换能有多大的改变？

第二天，刘蕾按照惯例组织员工会议，与以往不同的是，刘蕾将每个员工会议的座位进行了调整，将平时不爱发言的员工，调整到前面，把平时喜欢和隔壁聊天的员工安排对座，中间环节还加入了一些互动，整个会议下来，员工们都听得非常认真仔细，员工开完会后每个人的脸上都充满笑容和激情，接下来的工作安排也进行得相当顺利。

刘蕾这次的会议相当成功，为什么座位编排不同就会发生如此不同的效应呢？

很明显，刘蕾按照每个员工的爱好习惯不同，给员工安排了各自的座位，之前的一字排列座位，员工都是面对着刘蕾，一个人互动一群人的效果肯定是没有大家一起互动的效果来得明显。采用面对面地坐，会使人产生一种直视对方心理的攻击性，在讨论一件事情的时候，方便于提出各自内心的想法。

为什么有的人经常会翻手机

每个人都有自己的爱好和习惯，有的人喜欢一边听着歌一边看书，而有的人却喜欢在安静的环境下阅读；有的人喜欢吃口味偏咸的东西，有的人却偏向于清淡的饮食。俗话说，萝卜白菜，各有所爱。这句话也并无道理，每个人的爱好习惯不同，所产生的微变化也是不同的，不同的下意识行为，凸显了不同人的个性。

但是有一种人，他经常会有意无意地翻自己的手机，也是一种下意识的行为，从心理学角度来说，人们经常从事一件事情的时候，时间久了会产生一种习惯性行为，我们都知道口渴了要喝水，因为水能解渴；饿了要吃饭，饭能饱肚，所有的下意识行为都是通过人们的经验总结所得来的，人们会根据自己的需要做出一些行为，久而久之便形成了一种习惯，这种习惯经过微反应，便有了下意识的行为动作，从心理学角度来说，这种习惯可以归结于"思维定律效应"。而经常翻手机的人也可以说是"思维定律效应"。

而且有的人经常翻手机的这种习惯与后天的影响是有很大关系的。随着科学技术的发展，商家在设计产品的时候也花费了不少心思，在给产品做广告标语的时候，经常会强调人性化设计这一理念，那么，什么是人性化设计呢？其实人性化设计指的就是根据大多数人的日常行为习惯来设计产品的功能，比如，我们习惯上 QQ 聊天，于是手机商家便在手机功能里加入了 QQ 聊天工具；由于手机屏幕大小不便于部分客户的翻阅需求，商家又推出大屏高清手机满足不同人的需求；以前我们看时间仅局限于通过手表掌握时间，现在商家将电子时钟加入到手机功能里面，便于人们随时掌握时间等一系列的人性化设计，都是由习惯演变而来的。

　　王娜是某公司的一名基层业务人员，每天做的最多的工作就是翻阅客户资料，挨个给客户打电话做回访和约见客户。对于王娜来说，电话没有关机状态，二十四小时随时接听。这份工作，王娜一做就是两年，对于王娜而言，每天接打电话已成为生活中的一部分。

　　忽然有一天，王娜在挤公交车的时候，手机落家里了，这对王娜的日常工作和生活带来了很多不便。王娜坐在公交车上，旁边一位阿姨问王娜现在几点了，王娜很自然地去摸口袋里的手机，却很尴尬地说："不好意思，我今天忘了带手机。"

　　到了办公室，王娜像往常一样翻阅资料，准备给客户做回访，虽然王娜没有带手机，但她可以用公司的电话做回访，然而，王娜正准备做客户回访的时候又一次习惯性地去口袋里掏手机，又一次尴尬地把手缩了回来。

　　从王娜的两次掏手机的事件中，我们可以看到习惯给人们带来的下意识动作都是在不经意间完成的。王娜习惯了通过自己的手机去回访客户，这样一来方便快捷，二来更容易让客户记住自己的电话号码便于交流。

　　从故事中，我们可以看到王娜习惯用手机来看时间，当别人询问几点的时候，王娜第一反应就是去找手机看时间。思维定式会使我们在做某些事情的时候相当熟练，甚至在不经意间完成整个活动过程。王娜之所以会经常习惯性地翻手机，主要还是因为日常生活习惯所致。

　　习惯了做一件事情的方式，便会形成思维定式，产生微反应。人们在完成观察、分析、解决问题的全过程时，或多或少都会产生思维的某种倾向性，也可以说成是人们长期形成的某种习惯性思维动向，习惯通过某种方式去处理问题。

看到排队的人群你有加入的冲动吗

当你在挑选饭馆吃饭的时候,有两家店可以选择,一家店里冷冷清清没有几个顾客,而另一家却排着队叫号取餐,这时,你会选择哪一家呢?

当你正在路上闲逛,看见一个百货大楼门口站着一群人,你是否有想走上前去看一下发生什么的冲动呢?

当你在挤公交车的时候,大家都排着队按秩序上车,你是否也会加入队伍当中,按秩序上车?

很多人或多或少都会有一些从众和好奇的心理,人多的地方肯定是有事情正在发生,人们会怀揣着一颗好奇的心,下意识地驱使自己往人多的地方靠拢一探究竟。尤其是爱看热闹和好奇心较强的人,一旦看见人群扎堆的现象,便会不由自主地向人群中的人打探缘由或加入其中。

俗话说:"酒香不怕巷子深。"一传十,十传百,就这样人群的堆积像滚雪球似的,加入的人越来越多。此时此刻,人们看到排队的人群,由于自己的猎奇心理,想前去加入是很常见的一种心理效应。有的人把这种效应叫做"跟群效应",也有的人认为这种心理效应叫"跟风效应"。

无论是"跟群效应"还是"跟风效应",究其根源来说,都是由于人们的心理在发生微反应,形成了微变化,一颗好奇的心,下意识地寻找答案。这整套的过程是先由大脑感性的开始,再到肢体的动作,满足未知的心理最后回馈给大脑。

安琪和孙强是某公司的旅游体验师,他们的日常工作就是去世界各地的旅游景点旅游,然后把各个地点最有趣、有具特色的地方和事情记录下来,给大家分享。

一天，他们和平常一样分别去外地旅游，安琪去的是当地具有民族特色的小吃一条街，安琪在小吃一条街里悠闲地逛着，搜寻此处的美食，当路过一家卖麻花的小门店的时候，安琪停下了自己的脚步，看着麻花店门口排着很长很长的队伍，安琪先是用相机把这一幕景象拍了下来，然后便下意识地加入了购买麻花的队伍中和大伙一起等待。

孙强此时也正按着自己的计划，探索着好玩儿的新鲜事。当他路过一个具有民族特色的农家院时，孙强看到里面围坐着很多人，看着非常热闹，还时不时听见鼓掌叫好的声音，

孙强便怀着一颗好奇的心，探头往人群里望。偶尔会听见旁边的人在谈论里面发生的一些精彩片断，孙强听着旁人说的零星点点，下意识地挪动自己的脚步走进人群中心。

就这样，他被周围的热闹氛围所感染，还与人群中表演的演员产生互动，不知不觉中加入了这个热闹的聚会当中。

从上面的故事我们可以看出，孙强和安琪的下意识动作都是由于人群现象而产生的。当人们看到排队的人群时，第一时间会将信息反馈给大脑，再由大脑发出指令向人群靠近，同时满足自己好奇的心理。

麻花在每个城市都有，唯独那家小店门口购买的人群排着长长的队伍等待，这便刺激了更多人的好奇心理，心想，这么多人排队买，肯定值得一尝。再来看看孙强，孙强听见一群人嘻笑和掌声，同样的刺激到了孙强的好奇神经，最终孙强被一群人的氛围所感染，不由自主地加入了其中。

生活中，人们对自己尚不知晓、不熟悉或一些新鲜奇异的事物都会产生一种好奇心理和探知心理。当看到一群人聚集到一起，我们下意识的反应就是想加入探求其奥秘或答案。这种心理活动所发生的微变化，也是由于人们的好奇本性所产生的。

用名牌就是没有自信吗

　　穿名牌、开名车、住豪宅在当下是个争议较多的话题。有的人认为，所谓的穿名牌、开名车的这些人都是一些暴发户，为了标榜自己是有身份地位的人，为了显现自己的财力，是缺乏自信的一种表现。还有的人认为，穿名牌、开名车、住豪宅是财力的象征，人家炫耀的就是金钱，有钱就有自信。当然，也有的人认为，穿名牌、开名车、住豪宅是因它们质量有保证，售后服务好，不用太操心。

　　那么，穿名牌、开名车、住豪宅到底是在炫富还是缺乏自信，还另有其他呢？

　　从心理学角度出发，我们拿穿名牌来分析，可以做一个市场调研分析，将其分为两大类人群：务实心理人群和名牌效应人群，两大人群所占的市场份额不相上下。五十个人里面会有二十五人认为穿名牌，质量好，售后服务好，款式不容易过时，一件名牌衣服的价格比三无厂家的衣服价格要高，但究其使用价值和穿着舒适度来讲，还是比较容易让大众接受的，这样的人便是我们所指的务实效应人群。而另外二十五人则认为，只有穿了名牌的衣服，对方才会认同你的一些理念，同时带动彼此之间的交流。

　　凯莉和梅西从小到大都是非常要好的朋友，然而凯莉和梅西两个人的家庭背景截然不同。凯莉的父母是当地知名企业的老板，而梅西家却相当贫苦，父母靠打零工养家糊口。

　　梅西从小到大身上穿的衣服都是姐姐穿剩下的，每次梅西拿到一件姐姐刚穿剩下的衣服时，都无比兴奋，穿着姐姐给的衣服自信地跑去找凯丽玩。虽然是姐姐穿过的旧衣服，对于凯莉而言，没穿过的就是新，是新衣服就要穿去炫耀一下。

凯莉由于家庭条件好，穿的衣服几乎都是名牌衣服，然而凯莉每次看见梅西穿着带有褶皱的旧衣服到自己面前来炫耀的时候，凯莉打心里面有一种羡慕的感觉。凯莉的父母由于工作繁忙，常年不在家，衣服都是每次父母偶尔回来一次带去商场买好多回家。对于凯丽而言，这些衣服就是父母每次回来的表示，没有太多的新鲜感。

而梅西却不同，梅西每次得到一件没有穿过的衣服，都会非常高兴，而且不论价格如何，她都会穿出自己独有的风格。

长大以后，梅西成为一家公司的白领，每天出入不同的高档场合，接触各色各样的客户，而梅西的穿衣风格依旧是保持着自己的特色，有时候也会买些名牌衣服作为搭配。

有一天凯莉来找梅西去逛街，凯莉在一家名牌店一口气买了好多件名牌衣服，而梅西却在几家小店挑选了一些精致的衣服。凯莉感觉很惊讶，便问："你怎么一下子舍得买这么多名牌衣服？这不像你以前的风格啊？"梅西笑了笑说，为了迎合客户的眼光。

在这个故事里，梅西和凯莉她们两个人是生活在两个不同家庭环境里的人，但对于穿着方面，她们更注重的是舒适和自己的特色，然而，有的时候，在一些重要的场合穿名牌的衣服还是有必要的。并不是说穿名牌就会有自信，而更多地是倾向于穿名牌去接近那些对自己有用的客户资源，这在商战中，也是一种推销自我的有效手段之一。

所以说，每个人的选择习惯是不同的，穿名牌的意义也自然不会相同。有的人是因为穿名牌更有自信；有的人穿名牌是为了工作需求；有的人穿名牌追求的是一种务实效应，根据不同的需求穿名牌，各取所需，各有所益。

第 8 章
微反应背后的秘密：
多种情绪反应的相关解读

情绪是推动人体微反应发生的主要动力，是人体微反应的根源，所以，解读人体微反应的秘密，需要从解读微反应开始。

情绪反应解密图例

　　微反应对于人们来说，每天都会表现于实实在在的生活中。那么，是什么因素促使微反应的发生呢？是什么让有些人的微反应看起来不可思议的呢？那就是情绪。情绪是推动人体微反应发生的主要动力，是人体微反应的根源。因此，了解情绪是读懂微反应的根本。

　　1. 当人们面临尴尬局面时，所呈现出的短暂的僵化表情就是我们心理学上所说的冻结反应。它包括呼吸冻结、肢体冻结和面部僵化等。

心理解密: 人们在突然遭受负面刺激压力时，会瞬间出现短暂的停顿，随之出现一些僵硬的表面特征，如脸红、动作僵硬、说话打结等，这都是一些常见的冻结反应。

　　2. 安慰反应在人际交往中非常普遍，当一个安慰反应做出之后，他可以映射出一个人此时的心理状态。

心理解密: 安慰反应产生的条件很多，其表现形式及种类也较广泛。通常是试图通过用手轻轻按摩自己的颈部、脸颊、腹部等行为，来减轻因某些压力而让自己产生的不安心理。

224

3. 战斗反应是指人们在进行日常行为活动的时候，遇到某种刺激，而产生的一种抵触情绪，下意识地做出一些出其不意的举动或行为。

心理解密： 在发生战斗反应时，身体的反应主要是因为刺激了人体的大脑，使人们的情绪高涨，也可以用热血沸腾、呼吸加剧、理智消退来形容，最终将原本平静的情绪引向愤怒发生争执。

4. 胜败反应，多半是指战斗结束之后所表现出来战败和战胜的一种心理反应。人们可以通过胜败反应，洞察出对方当时的心态和下一步的行动。

心理解密： 通常胜利的人在胜败反应中所体现出来的情绪主要是趾高气扬、欢欣鼓舞、兴奋喜悦等。

225

一、情绪背后的心里秘密

情绪是人类诞生以来身上必有的一种反应，主导这种反应的是人体的神经系统，比如生活中的喜怒哀乐。如果一个人没有了情绪，就如同一个机器人，没有生命。不同的人对同一事物的反应情绪是不尽相同的，也激发了不同的微反应。因此，了解情绪是读懂微反应的根本。

神秘的情绪交际

每个人都会有情绪，表面看似乎非常简单，其实它是一个让人琢磨不透的东西。刚刚脸上还是挂着笑，一片阳光灿烂的样子，一瞬间，哭的云山雾罩，泪水难收，再无人形。当开心的事情降临时，会让人欢欣雀跃，欢快的情绪会使周围人都觉得美好起来；难过的事情来袭时，一人向隅，满座不乐等。情绪就是如此强大，伤心、失望、快乐、忧伤都是通过情绪如实地映射在每个人的身上。它是在微反应中最值得我们去研究的一个元素。

现代社会，人人努力奋发向上，可是，并不是人人都能够尽快地跳出来，达到自己理想的高度，甚至有的人悬在半空，再上不去。这绝非是智商的高低或是能力的高下所决定的，很大程度上，是由于一个人的情绪所造成的。

比如一个人从出生后就在一个非常有利的环境里，在成长的过程中，父母宠爱骄纵，师长爱护有加，因此他的情绪会随意的发泄，当然周围的人照单接受，这个时候，他根本看不到不良情绪给自己带来的负面影响，也不知道如何管理好自己的情绪。随着时间的推移，等到独立，走出熟悉的圈子后，他才发现，没有人为他的情绪埋单，这时他情绪的肆意发泄会影响他的成长。

仔细观察周围人群，尤其是熟悉的人，不难发现，抱怨的人永远一副怨天尤人的神情，一面絮絮叨叨诉说所谓的不公平，一面以渴求的眼神寻求你的认同。他们在抱怨中获得了暂时的平衡却失去了周围人的尊重，时间久了，人们自然敬而远之。而乐观的人就像是一轮温暖的太阳，*丝丝缕缕的阳*光不经意间渗入人心，大家整个的情绪都被调动起来，人们沐浴在温暖中，所以，都愿意向他靠拢。虽然万般世态他也一样经历，可他永远是明朗的。

> 人际交往中，情绪一直左右着每个人，他能够让你的交际成功，也能够让你的交际失败。与其说人们通常是用语言交流，倒不如说人们之间的交流就是情绪的交际，因为情绪影响着一个人产生行为、语言、表情等交流方式以及各种微反应。

情绪是一种很神秘的东西，他能够让别人主动靠近你，也能够让别人主动远离你。有的人控制情绪能力比较强，这样的人不会在突然的一刹那情绪失控，做出累己累人的事，也不会忽然得意忘形，坠入谷底，一蹶不振。他有泰山崩于面前而不改色的气概，更有猝然降之而不惊的风度。

但不是人人都能控制好自己的情绪。这就给我们观察研究微反应扩宽了道路，有的人坏情绪一来，呼天抢地，捶胸顿足，由着性子肆意妄为。

有一个女孩子，非常出色，学业家世都很好，就是脾气骄纵，只要她想要的，就一定要得到。很多事情通过努力之后她都会顺利得到，唯有感情不是。

在谈感情的时候，刚开始两人相处得非常好，旁人也很是羡慕。可是，好景不长，交往了一段时间后两人争吵矛盾不断，男孩子刚开始还能包容接受她，时间久了，男生也就渐渐心生厌烦，对她也不再一如当初。

敏感的她只要感觉到男朋友对自己不好，就歇斯底里地哭闹。而她只要一想到他，不管时间场合电话立即就打了过去，对方如果不接，就一个接一个地打，直到对方关机，然后就是争吵矛盾的发生。终于，导致分手。

随后几年，她慢慢懂得了控制自己的情绪，有时也会静下心来回想过去，她明白，导致他们分手的主要原因其实都是自己随意喷发的情绪影响的。现在想想，即使是分手也没有做得漂漂亮亮，风度尽失。想起来，感慨不已，如果自己当初不那么任性地发泄情绪，也许会更好一点。

常言道："不经一事，不长一智。"案例中的女孩在跌了很多跟头，撞了很多"墙"后才发现，控制不好自己的情绪对她的影响会如此重要，甚至影响到了她与男朋友的关系。

一个人如果长期处在不良情绪之中，就会不停地抓狂，滋生各种不顺利。久了，就会怀疑自己的能力，进而这种不良的暗示会毁灭人的意志，使得人丧失掉对生活的热情。一个人情绪的力量就是这么大，所以我们不可小觑。

给他人一个美好的视觉

你是否有时候会觉得没有安全感，担心不能得到他人的认可呢？
你是否有时候会觉得自卑，觉得自己样样不行呢？
你是否有时会异常的愤怒，常常对他人发脾气呢？
……

如果其中有一个问题你的回答是肯定的，那么你的这种消极的情绪已经影响到了他人，或者说你一直在努力给他人一个好的感觉，让他人觉得你是完美的，可是这些消极情绪却一直影响着你心中的完美。当然，这些消极的情绪并不是经常会出现的，通常都是一闪而过，如果自己不静下心来想，很难察觉得到。就因为是这样，尽管你一直在努力维护他人与自己良好的关系，可就是你一个不经意间的发怒、自卑等消极情绪的出现，给他人留下了一个不好的"视觉"，降低了对方对你良好的感觉。

拿你身边的朋友来说，有的人工作非常努力，对人也非常热情周到，如果你和他接触时间不长，你会觉得他是一个容易交往的人。而当你和他交往的时间久了，你就会发现他的各种缺点，比如疑心重、嫉妒心强等，当初的感觉就会被打折扣，这就是所谓的"日久见人心"吧。

为什么刚开始交往的时候你发现不了对方所谓的缺点呢？这主要因为对方刚开始给你的都是一些正面的情绪，一些负面情绪会积极的屏蔽掉。而一个人的情绪有的是先天就有的，有的是后期长时间的生活环境影响而形成的，因此，及时屏蔽掉，如果不懂得调解控制自己的情绪，也会在不经意间暴露出来。

因此，懂得学会控制调解自己的负面情绪，就可以给他人一个美好的"视觉"，反过来讲，如果某人给了你不好的"视觉"，你可以从这个微反应中发现对方的心理及性格。

心理学大师弗洛伊德曾经用"水库"比喻一个人的情绪处理过程，他把每个人心里的情绪比作一个清澈的水库，当负面情绪出现之后，首先会储存在这个水库当中，随着时间的延长，负面情绪的积累，水库中的水位会不断地上升。如果得不到合适的开泻，那么就会达到警戒点，这时人就会出现脾气暴躁、不安或者自卑等不良的情绪，而且这个过程是很自然的，发泄者是很难控制的。这种情况如果一直延续下去，水库必然会出现溃堤的一天，而这一天就是出现心理疾病的时候。

从这个角度分析，我们可以得出这样的结论，导致心理不健康的人的原因之一就是因为个人情绪出了问题，缺乏调解情绪以及控制情绪的能力，才导致了水位不断上升，最终溃堤。

情绪是微反应的一种，而微反应是情绪的主要表达形式。

王哲是一个很不错的男孩，工作成绩出众，对朋友很讲义气，深得领导以及同事的喜欢。但是当工作一忙起来，脾气总是那么的大。

女友李倩与王哲在一起已经有两年了，准备明年就领证，但是有一个前提，她希望王哲改掉莫名其妙闹情绪的毛病。因为她觉得王哲的这个毛病自己倒可以理解，但是对同事以及不熟悉的朋友来说感觉总是那么的不好。

王哲有时静下心会想，自己确实很难控制情绪，尤其是在忙碌的时候，紧张、压力会让自己的情绪变得很是脆弱。

李倩问王哲："你能控制自己的情绪吗？"

王哲想了想说："情绪怎么控制啊，高兴了就乐，伤心了就悲啊！"

李倩继续问道："你有没有想过你发脾气的时候别人会是什么感受呢？你身边的朋友也是这样吗？"

王哲仔细想了想，自己发脾气的时候确实会给别人留下不好的印象，联想到他身边的朋友，有些人自己不是很喜欢就是因为其脾气暴躁，而有的人却没有那么的明显……

毫无疑问，一个人爆发后的情绪必然会给他人留下不好的影响，只不过发出者已经习惯了这种行为，自己很难感觉到而已。王哲能够控制自己的情绪吗？

答案是毫无疑问的，只要掌握一定的调控技巧，一些消极的情绪会有一定程度的遏制。当然，王哲的这种反应也是心理信息的一种传递。

情绪衍生出了人体的各种反应，积极的反应会让人感到愉悦，在视觉上是一种享受；而消极的反应会让人感到不适，而且也体现了发出者一些心理特征。

不同情绪的推动物

人的情绪各种各样，千变万化，有时人的情绪会非常激昂；有时人的情绪会很低沉；有时人的情绪会很平和；而有时人的情绪会变得很激动……

不同的情绪都体现了人体不同的微反应。有因就有果，既然人在生活中会出现各种各样的情绪，那么必然会有促使产生这些情绪的因素。要追根溯源，首先我们要对情绪进行深入的分析。

当下，随着各个学科水平的突飞猛进，人们对情绪大致分为了五类，分别是：情调，心境，激情，应激以及情操。五种不同情绪的推动物各不相同，我们来进行逐一分析。

第一，感觉衍生情调。一个人面对不同事物时会产生不同的感觉，随后产生了情感，总体来说就是一种情调。在赵本山的小品《不差钱》中有一个饭店叫"苏格兰情调"。如同小品中说的一样，他具有苏格兰的风格，你进去之后会产生不同的感觉，继而激发你的情感，这就是一种情调。这种感觉是视觉上的，还有味觉、嗅觉上，比如酸甜苦辣、冷暖痛痒、光线的明暗，声音的刺激，等等。

情调的产生是一个复杂的过程，激发的物质不同，所产生的情调也不尽相同。比如颜色激发的情调，环境激发的情调，事件激发的情调，等等，这些都是具有区别的。有些事物会让感觉很强烈，好长时间难以忘记，而有些事物对我们的感觉很平淡，有时甚至是隔日就忘。这就是情调的强烈程度。由于刺激物不同所以情调的强度也会不相同。

当然，情调的强烈程度还与个人的接受程度有关，而个人的生活经历、需求特点、性格等因素影响着个人的接受程度。比如有些人花粉过敏，遇到花粉因为过敏就会产生不愉快的情调。再比如不同年龄人的阅历不同，那么同一种因素会激发不同的情调强度。

第二，多种因素影响心境。心境是一种情绪，这种情绪通常比较微弱，但是持续的时间较长。推动心境的因素有很多，比如在生活中遇到了挫折或者获得了意想不到的成功，买彩票中奖，工作中业绩突出得到了老板赞赏等，都会激发不同的心境，而不同的心境就会产生不同的微反应。

再者，一个人的心境与健康状况有着密切的关系。首先两者是相辅相成的关系，当心境不好的时候，会影响身体的健康，而当身体健康的时候，会激发良好的心境。所以，也可以这样说，从一个人的心境可以读出他的身体健康状况。

> 不同的情绪推动物各不相同，但万变不离其宗，几乎所有的情绪都是一种无意识行为表现，从一个人不同的情绪中，可以追溯到其推动物，进而了解其人。

周围的环境以及对已发生事件的追忆也会影响心境，显然，影响心境的因素有很多。但不管是什么因素激发了什么样的心境，大多时候对于本人来说都是无意识的，也就是说他也不知道是什么因素使自己的心境发生了变化。这就是一种典型的微反应。

第三，激情的表现。经常听到有人说："这个人工作真有激情啊""一定要拿出你的激情好好干"等。其实这里所说的激情就是一种情绪的表现。激情通常是一种表现激烈而持续时间较短的情绪。比如我们在生气的时候会暴跳如雷，或者拍打桌子，表现得异常激动。但是很快这种情绪就会慢慢消失。也就是通常说的"消气"。再比如在工作中，由于某位领导的表扬一时间我们对工作表现得很有激情，但随着时间的推移，这种表扬会渐渐地失去作用，因此激情也会慢慢地减退。那么，激情的情绪是由什么推动的呢？

通常，强烈的欲望和鲜明的刺激激发了激情的情绪，如前面提到的一个人非常生气，而这个生气有可能是彼此之间的冲突、自己的利益受到了损失、受到了某人的侮辱等而引发的。在工作中领导答应你只要完成某些工作就会给你涨工资，这时你就有了强烈的欲望想得到"涨工资"这种结果，于是你对工作也就充满了激情。

人在激情状态下，常常意识不到自己在做什么，自控能力会减弱，很难客观地评价自己的行为及最后的结果。

第四，应激情绪。这种情绪是人在紧急情况下或者出乎意料的状态下做出的应激反应。据科学家研究，人在紧张刺激的状态下，会导致一些激素分泌加速，从而激发人体的其他反应。

有这样一个故事，一个跳高运动员去野营，这天他正在河边洗自己的房车，突然感觉有人在拍他的肩膀，他以为是和自己一起野营的妻子，转头刚要打招呼，却发现是一头黑熊。在这千钧一发的时刻，他一跃而起，跳到了车顶。等黑熊走了之后，他感到非常的惊讶，自己是怎么跳上来的呢？要知道这个房车有三米高，而且是在没有助跑的情况下原地跳上去。

这其实就是一种应激情绪，由于过度紧张而激发了身体内的某种激素而做到的。

第五，情操。这是一种具有文化价值的情绪，如一个人的道德、学问、艺术修养等所激发的情感，这与个人生活环境、教育水平、审美素养等有一定的关系。而且自己很难发现个人情操的表现，这种表现往往是在无意识中发生的。

情绪中的临界点

任何事件的发生都有一个临界点，比如水的沸点、酒精的燃烧点、水泥的凝固点，等等。同样，在情绪中也有一个临界点，他是指一个人的情绪向另一种情绪过渡时所受外界因素影响的力度。如当负面因素刺激超过某种限度之后，造成了某人情绪的失控或者发生过激行为。

举个简单的例子，比如生活中情绪积累到一定的程度而无法发泄，也得不到缓解，在外界因素的刺激下就会发生情绪失控。通俗一点讲，就是我们平常说的"一时激动"。

　　当一个人的情绪冲破临界点之后，会发生不理智的行为，做出一些过激的事情，思维受到了阻碍。如同一个人喝醉酒之后砸场子，而在平时清醒的时候他是不会这样做的，因为他会想到砸场子给自己带来的麻烦。因此，对于情绪临界点的了解可以帮助我们采取有效的措施控制临界点，避免一些不必要的麻烦出现，对微反应有进一步的了解。

　　了解情绪的临界点首先要从人的理智性开始。人区别于动物的因素之一就是人的行为是具有理智性的，很多动物更容易受到外界的因素而冲动行动。但是，当一个人的情绪处于临界点的时候，人的理智性就会降低，容易冲动行事，缺乏理智的思考。比如跟着感觉走，轻信他人，甚至无意识的依赖于他人。

　　情绪的临界点对人的行为也具有一定的影响，一个人的行为是由思维产生的，而思维产生的意志力控制着一个人的行为。比如夫妻俩回家准备做饭，首先要思考做什么饭，然后才会产生行为。如果老公想吃番茄炒鸡蛋，而老婆不喜欢吃，最后决定不做番茄炒鸡蛋，饭由老公做，这时，老公就要用意志力控制自己的行为不去做这道菜。但是当一个人的情绪处于临界点的时候，这种意志力就会减弱，显得容易冲动。比如老公和老婆因为做菜吵架了，老公一气之下就不会遵循老婆的意见，去做番茄炒鸡蛋这道菜。这就是行为的冲动性。

　　然而这种行为持续时间并不会很长，当老婆和老公和好如初的时候，老公就会为之前的行为感到懊悔，甚至向老婆道歉，冲动性也就因此结束了。

　　有一类人，当情绪处于临界点时，还会出现攻击他人的行为，这是因为这类人忍受挫折的能力及情绪控制能力非常低，在自己受到外界某些刺激因素影响的时候，自己愤怒的情绪就会马上表现出来，进而出现攻击他人的行为。当然，这种攻击行为的表现形式有可能是肢体上的，也有可能是语言表情上的。

　　王坤是某明星的一位助理，平时主要负责明星身边的一些杂事，比如在明星接受采访的时候，他要负责维持秩序，替明星解围等。

一次，某明星刚刚拍完一部电影，该电影在前期的宣传非常到位，吸引了大批的观众，因此，各大媒体也非常的关注。有一位娱乐报的记者对此明星进行采访，问了关于该电影的几个问题。最后提出了一个关于该明星私人的问题。该明星还没有来得及回答问题，却被王坤打断了。

接着，该记者对明星助理进行了抱怨，而仅仅是因为这句抱怨，助理和记者便发生了口角。随后，该报记者的朋友劝开了争吵中的两人，留下几句抱怨的话向外走去。而就在这时，王坤居然冲上前去要对女记者进行殴打，让现场一片混乱。幸好最后保安赶到现场，才平息了这场"战争。"

分析此案例，王坤为什么会因为几句争吵而要殴打女记者呢？要明白，王坤只是该明星的一个助理，一个打工者，如果他殴打女记者，必然会给该明星带来负面的影响，最后可能工作也会丢掉。这样自己得不到任何好处的事情他为什么还要去做呢？

其主要原因是王坤的情绪达到了临界点，当女记者与王坤争吵的时候，给王坤带来了负面影响，让王坤感觉到心情很不好，情绪受到了影响。当女记者说了几句抱怨的话离开后，王坤再次受到了负面因素的影响，这样就将其情绪推到了临界点，从而爆发，发生了攻击他人的行为。

因此，如果你看到对方的情绪已经快达到了临界点，那么应该尽快帮其化解，如果自己的情绪受到了影响，应该及时的调解，阻止其到达自己情绪的临界点。这样就会掌控他人的兴趣，控制自己的情绪。

影响情绪爆发力度的因素

在日常的人际交往中，你有一个比较熟悉的朋友，可因为一件事情这位朋友的情绪突然爆发，让你觉得你对身边的这位朋友其实并不了解。之前他是一个很好相处的人，为什么会突然让你感觉到陌生呢？

这就是情绪的爆发，也是微反应的一种。人的情绪具有两面性，一面是比较稳定的状态，也就是日常生活工作中所表现出的一种状态；一面是不稳定状态，也就是情绪爆发后的状态。通常情况下，每个人的情绪都处于一种稳定状态，而在有时候，由于外界因素的强烈刺激，一个人的情绪就会爆发，这时的他与平时的他可以说是判若两人，所以会让你有一种陌生感。

> 了解影响情绪爆发力度的主要因素，有助于我们把控他人的情绪，控制自己的情绪，读懂他人的情绪。

情绪的爆发是微反应中一种比较明显的表现形式，它反映了一个人的心理状态及承受能力的强弱，影响情绪爆发力度的因素有很多，但主要有以下几个方面。

第一，基因遗传。基因遗传之所以会影响情绪爆发力，主要受人体的高级神经活动的因素。不同的人爆发力度不同，根据高级神经活动可以分为这样几种类型：

（1）胆汁型。这类人的感情较为强烈，容易表现出激昂情绪，当然脾气也暴躁。受到外界因素的刺激后，容易爆发。

（2）多血型。这类人感情丰富，平时比较活泼，待人热情，遇事能够灵活应对，自我调节能力较强。因此，这类人在外界因素的刺激下情绪不易爆发。

（3）黏液型。这类人其实就是我们常说的性格内向之人，情绪较为稳定，做事不张扬，甚至会显得较为低调。因此，情绪也不会大起大落。

（4）抑郁型。这类人做事、反应较慢，最为突出的一点是感性脆弱，心理承受能力不强。容易受外界因素的影响。

第二，对外界事物的认知。情绪是由外界因素的刺激而爆发的，但是，当人体接受了某种刺激之后，他首先会对这个刺激因素进行评价，之后才会出现情绪爆发。但是，每个人对刺激因素的观念、理解、需求不同，导致认知也不同，而一个人不同的认知对情绪的爆发力度是不同的。

王朔和李刚是某公司的两名老员工，一个月前公司招聘了一个新员工

叫李亮。在这将近一个月的工作中，由于李亮工作认真、努力，对同事非常客气，而且还乐于助人，所以大家对李亮印象都非常好。

有一天，王朔和李刚出去办事，走在人来人往的大街上，两人远远地就看见李亮匆匆忙忙地向自己走来，也做好了打招呼的准备。可是当他们相遇的时候，李亮却匆匆而过，并没有向他们打招呼。

这时，王朔微笑着说："看来这小子有急事，没有看见我们。"

而李刚生气地说："两个大活人在这儿站着呢，居然没看见，我看他是故意的。"

……

从这个案例中我们可以看出，对事物认知不同，他们的情绪就会不同，因此，一个人对事物的理解，决定了他情绪的爆发力度。

第三，环境因素的影响。不同的环境可以给予人不同的情绪，仙境般的山水，郁郁葱葱的树木，清新的空气，整洁宽敞的办公室等能让一个人心情愉悦，反之，嘈杂的街道，拥挤的交通会让一个人心情沉闷。因此，环境是影响一个人微反应的主要因素，也是影响情绪爆发力度的主要因素。

第四，色彩的影响。在美国有这样一个故事，在一座监狱内，一些犯人经常寻衅闹事，这让监狱长很是苦恼。有一次，一些犯人在闹过事后，他随即将这些犯人关在了一个浅绿色的屋子里。让监狱长没想到的是奇迹出现了，自从这些犯人进入这个绿色屋子后，他们就像是被服用了镇静剂一样，安静了很多。其实，这就是色彩对一个人情绪的影响。通常，蓝色和绿色会让人感到平静；红色会让人情绪烦躁；深蓝色和黑色会让人情绪低落等。因此，不同的颜色可以影响一个人的情绪。

第五，食物。食物之所以会影响一个人的情绪，这与人的生理有极大的关系。据医学家研究表明，甜品能够增加人体大脑血液中复合脂的含量，可以起到镇静的作用。因此在生活中，如果你的朋友喜欢吃甜食，那么他的性情通常是比较温和的。之外，酸性食品能够让人产生猜忌的情绪，辣性食品能够让人产生愤怒的情绪等。

二、情绪衍生的各种反应

人类在情绪的影响下，为了应对心理情绪的不平衡，衍生出了很多不同的反应。而在这几千年的历史发展中，各种反应也发生着深刻的变化，已经成为了人们生活中不可缺少的一类微反应。深入了解这些反应的因果关系，我们将会更深入地领会对方的心理。

尴尬的僵硬——冻结反应

尴尬，在我们日常生活中经常会发生。当人们面临尴尬局面时，所做出的微反应便是冻结当前状态，有一两秒间的面部表情停顿，有时停顿时间较长，有时停顿时间较短。这就是我们在心理学方面所说的冻结反应。

在冻结反应中，呼吸的冻结是比较常见的。从生理学的角度讲，呼吸与能量储备有密切的联系。我们可以做一个实验，当一个人做完运动，呼气频率增加的时候，便意味着其能量的储备增加，能量储备的增加也就意味着下一步将会有动作要发生，这个动作，可以是肢体动作，也可以是面部表情，等等。比如，开会时，在所有员工面前被老板点名批评，这时，被批评的员工大多数情况下都会屏住呼吸任老板指点；出门时发现自己穿了不同颜色的袜子，也会刻意地去掩盖自己的袜子，避免被他人发现。

在交谈中，如果发现对方的话语、行为以及面部特征出现停滞，说明此时让对方感到出其不意，打破了对方的日常心理防线，令对方无法应对。

冻结反应包括很多方面，除了呼吸冻结以外，还包括肢体冻结和面部僵化等。从心理学角度来解释，冻结反应指的就是人在受到意外刺激时的第一反应。它的整个发生过程，是对人们在交谈或举止行动中突如其来的刺激，令人瞬间出现短暂的停顿，伴随着一些僵硬的表面特征，如脸红、动作僵硬、说话打结等，都是一些常见的冻结反应症状。人们之所以会在产生尴尬氛围的时候做出冻结反应，更多的时候是在打理自己的状态，思索对策。

刘然是某市著名的外场主持人，承接过市里大大小小的演艺活动，对于刘然来说，上台主持是拿手好戏。但是，刘然的第一次上台主持，令刘然终生难忘。

那天，刘然接到活动内容便开始搜集相关活动的演讲资料，到了活动开始的那天，刘然需要上台主持节目，由于第一次上台，刘然心里非常紧张。

只见刘然大步走上台前向大家鞠躬，这一鞠躬显得有些僵硬，但还算是勉强合格，随后，刘然便开始像平时背台词一般双眼上翻开始回忆自己背下的每一字每一句。刚开始，前面几句还算顺畅，但后来背到中间的时候，突然卡词了，刘然顿时面部刷的一下红了起来，拿着话筒的右手也在微微地颤抖。

这时，只见他左手自然放下，拳头握得很紧。此时，刘然做了一次深呼吸，面带微笑，慢慢地平抚了自己的心情，继续主持。

第一次的主持，令刘然清楚地认识到自己的不足，从此以后，刘然在上台演讲之前都要做好充足的准备。

从刘然的经历我们可以看出，不管是成功的人还是平凡的人，都会遇到尴尬的时候。尤其在准备不充分的时候，尴尬在所难免。

刘然站在演讲台中间，台下坐着众多的观众，一双双眼睛都在刘然一个人身上，这对第一次上台的刘然而言无疑会有些紧张，外加出现卡词，刺激了刘然的记忆神经，所以出现了冻结反应。

因此，人们在遭受负面刺激压力时，会下意识地通过呼吸、手和脚的冻结来掩盖自己的不足之处，情节严重的会产生面部僵硬、肌肉组织瞬间凝固的现象。在日常生活中，我们观察一个人，可以通过呼吸、手、脚、面部去观察对方的情绪，了解对方的心理，同时也能通过对方的冻结反应，窥探出对方薄弱的一面。

探访病人的技巧——安慰反应

我们在探访病人的时候，为了让其心理不难过，心情更加的放松，会对其进行语言或者动作上的安慰，这时病人的心里就会舒服很多。同样的道理，当一个人接收到一些负面的刺激时，如上级的批评，工作的压力，别人对自己的否定等，他的心里就会感觉到不适应，而为了降低或者平衡这种不适应，他会很自然地做出一些行为，我们把一个人在这种情况下做出的某种动作叫做安慰反应。

安慰反应在人际交往中非常普遍，当一个安慰反应做出之后，他可以映射出一个人此时的心理状态。其表现形式及种类也较为广泛，比如有的房奴一想到每个月都要还不菲的房贷时就会产生一种压力，继而会用手轻轻按摩一下自己的颈部，调整呼吸、轻轻摸自己的脸颊等行为的发生，这就属于一种安慰行为，目的是减轻因为压力而让自己产生的不安心理。

关于安慰反应，在一个人说谎的时候这种反应最为明显，因为说谎是迫于某种压力而发出的一种行为。比如在对方说完话之后不是与你相视，而是开始弹衣服上的灰尘，整理自己的领带，那么，对于他说的话你就要谨慎小心了，因为这些行为可以舒缓个人紧张的神经，而说谎是一个让人神经紧张的行为。

通常情况下，一个人的安慰反应大多发生在人体的颈部，这是因为在人体颈部两侧有很多的血管和神经末梢，适当地按摩这些地方，可以缓解心中的压力与不适，让人的心情趋于平静。当然，除了轻轻地按摩之外，其他动作也可以起到相同的效果。比如衣领最上面的扣子，前面讲到的松领带、拉动自己的衬衫透气等，这些行为都能够舒缓血液循环。当然，男人和女人在颈部发生的安慰反应是不同的，男人可以解开上衣的扣子，女人肯定是不行的。对于女人来说，他们可能会轻轻地捋一下颈后的头发，这也可以达到相同的效果。

除了颈部，脸部和手部也布满了很多末梢神经，比如有的人会摸鼻子、摸眉毛等。在上中学的时候有一位同桌，性格比较内向，平时很是腼腆。每当老师叫他回答问题的时候，如果他知道问题的答案，首先会摸一下鼻子，两三秒钟之后开始回答问题。如果不知道答案，则这种动作会一直持续下去。这就是一种纯粹通过脸部反应来缓解压力的安慰反应。前者之所以摸一下鼻子后回答问题，是想让自己的情绪稳定后开始回答。后者之所以会一直摸下去，因为不知道答案，一直处于一种紧张状态。

用按摩的方法缓解压力只是安慰反应的一种，一些动作的舒展和声音也可以起到缓解压力的作用。比如平时的吹口哨，这个除了我们平时高兴的时候发出这个动作之外，在想要掩饰某些东西的时候也会做这个动作。吹口哨是一个集呼吸控制、声音刺激以及转移注意力多种因素的方法，可以缓解心中的不安。

安慰反应在人体动作舒展上首先体现在腿部，因为腿是人类最大的一个肢体器官，其中的血管以及末梢神经也是全身最发达的。比如有的人会情不自禁地抖动双腿，这种动作可以让自己的心理更加的平稳。但是也有例外的情况，在一个比较紧张的环境中，比如 FBI 审犯人的时候，这时犯人因为全身、大脑处于紧张状态，当然不会用抖腿的动作来缓解压力。但是当 FBI 问犯人某个问题或者进行其他审讯行为的时候犯人出现抖腿的现象，我们就可以结合其他因素对其心理进行正确的分析了解。

大幅度的动作常常也会体现出一种安慰反应，比如拥抱。我们在看外国影片的时候会发现，当某人难过的时候，对方会给予拥抱的方式。这也是一种缓解对方情绪的方法，而且这种用拥抱解压的安慰行为在当今的中国也较为普遍。

安慰反应的行为有很多，因此在判断起来会比较麻烦，但只要我们把握要点，就能够准确的判断。首先，分析当时的环境对动作发出者有没有造成压力。其次，通过观察了解动作发出者的日常习惯。然后结合这两点，对其进行分析判断。

明白对方的心理定位——仰视反应

通常一个人在面对一件事情要去完成的时候，首先对该事情与自己的能力进行一个评估，给自己一个定位。比如上司交给了某员工一个任务让其完成，该员工对工作任务进行了解之后，在这一刹那，他就会做出一个反应。而且不同的人会做出不同的反应，这个反应就叫做仰视反应。

之所以不同的人会做出不同的反应，主要因为不同的人对该工作的判断结果是不同的。比如该员工分析了上司给自己的任务后，觉得以自己的能力完成这个任务绰绰有余，此时他可能就会有一种傲慢或者高高在上的反应。如果该员工觉得是一个有难度的任务，但是能够完成，那么他可能

> 在交际中，对方会根据自己的能力高低、地位职权等因素进行判断后做出体态上的反应，即仰视反应，不同的仰视反应体现了对方不同的心理。

会做出平和接受的反应；而如果该员工觉得完成任务有一定的难度，甚至根本完不成，那么他可能会露出万分为难的反应。

当然，仰视反应并不仅仅体现在工作当中，在人际交往的过程中也会有所体现。

李成是某汽车4S店的一名销售顾问，沟通能力、交际能力都比较强，当然业绩也是在公司数一数二的。领导对其相当看好，有提拔其做销售经理的想法。

这一年，厂家举行了一次销售经验交流座谈会，要求各个经销商店的销售经理参见。而不巧的是李成所在的4S店销售经理家里有事，请假一个月回家了。领导觉得厂家举行的销售经验交流会又不能不参加，再说了，也许从这次交流会上还能学习到一些先进的销售技巧呢。考虑再三，领导决定派李成去参加这次会议。

李成坐飞机到厂家驻地，按照厂家的安排，来到一个酒店的会议厅参加经验交流会。在前台签过到之后，来到了大厅。座谈会的环境比较轻松，大家可以举杯随意交流走动。在主持者讲完会议的意义之后，大家开始自由活动。

李成在这里也没有什么熟悉的人，于是他在一个讨论问题的人群中，听他们谈关于销售方面的事情。这时，一个35岁的中年人走了过来，他走到李成身边后，很客气地说："您好，我是某某4S店的销售经理，很高兴认识您。"随即对方拿出了自己的名片双手递给了李成。

李成接过名片礼貌性地看了一下。同样很礼貌地说："您好，我是某某公司的销售顾问，这是我的名片。"就在李成准备掏名片递给对方的时候，对方的脸上发生了微妙的变化。只见对方抬起了下巴，挺起了胸，用一种很高昂的姿态看着李成。李成感觉到很不舒服，于是随便聊了几句便离开了。

在座谈会即将结束的时候，厂家的销售总监进行最后的讲话，随后他拿起酒杯，走下讲台，与参加会议的成员一一碰杯。在轮到与李成碰杯的时候，他发现销售总监的酒杯顺势地放到了自己酒杯的下面，这让激动的李成很是受宠若惊。

在回家的路上，李成一直在想，在座谈会上遇到的这两个人怎么会有如此的不同呢？

我们来分析这个案例，李成在与第一位销售经理进行交流的时候，刚开始销售经理主动与李成打招呼，并显得很是热情，而当李成告诉对方自己是销售顾问的时候，对方微妙地抬起了下巴，挺起了胸，这是一种高高在上的反应。这是因为该销售经理在与李成打招呼的时候并不了解李成，而当李成告诉其职位的时候，他随即对李成进行判断，对自己进行了定位。这就是一种仰视反应。这类人的这种仰视反应说明此人是一个比较傲慢的人，因为他对自我的定位较高。

分析厂家销售总监的微反应，销售总监在与所有员工碰杯的时候其实也已经进行了自我定位，他的级别当然要远远高于下面 4S 店的销售经理。他在与李成碰杯的时候，主动将杯子放到李成杯子的下面，就是厂家销售总监的微反应。从这个微反应说明，此销售总监是一个非常谦卑的人。

我的地盘我做主——领地反应

当一个人在自己的生活空间内活动时，常常自在无碍，动作随意自如，放松可以，威严可以，嬉笑怒骂皆是常态。但是当他进入到一个陌生的环境时，立即下意识地注意自己的行为，不自觉地整理妆容，注意站姿甚至是谈吐也是一番拿捏之后才会说出自己的想法。这就是领地反应，在自己的领地中，会表现出一个领导者的姿态，而在他人的领地中会不自觉地收敛自己的行为。

我们心中可能没有明确的领地概念，可事实上，我们不时做着保卫领地的事情。当有人侵犯我们的领地时，我们会愤怒，立即警觉起来，进行有效反攻。常见的情景是当一群人坐在公交车上，一排位子的两个扶手，一个人把手放上去，身子便也会跟着微微倾斜，他会舒服地靠在那里，在他的潜意识中，不仅仅是座位，连同扶手这一刻都是属于他的。你若是趁他不注意把手搭了上去，他会立刻怒目相向，那意思就是你侵犯我的领地了。如果你不能识趣地把手松开，一场口水仗难免就会发生。这就是典型的领地保护行为。

除了进行身体防御外，人们通常还会进行精神上的领地防御。在一个自己熟悉的环境中，自己就掌握了主动权，精神就会比较放松，对内对外收放自如，因为他知道那是属于自己的地盘，无论发生什么事，都在可控制范围之内。

A 和 B 两家公司因为合同问题互派代表进行谈判。A 公司表示一定要对方到自己的城市里来，B 公司却坚持要在自己的城市里进行会谈。双发僵持不下，最终双方互相折中决定到两个城市相邻的地方，在一个双方都不是很熟悉的城市里进行了洽谈。

在这个洽谈实践中就充分表现出了领地归属意识和领地便利可能性。两家公司暗中都认为对方来到自己的地盘，自己就成了东道主，一切自然就是自己说了算。到哪里怎么走，去哪里方便，都是探囊取物。但是到了对方的所在城市，一下子身份转变，反主为客，事事不自在，不觉间便丢了主动权。在谈判中无形之中给自己设置了障碍。双方都深谙此理，所以都不肯到对方的城市里去。

人们通过外在的身体和内在的精神为自己筑造了一个无形中的领地范围，这其实是源于心理上的防御意识和进攻意识，是感觉到受到威胁或需要展现权威的时候采取的措施。

有了这样的意识，也就有了相应的行为，在自己能够控制的范围内，人的领地反应因人而异。内敛的人比较放松，自在而张扬的人比较外显，容易炫耀。这种放松会让你觉得这里就是他的天下，什么都与他契合，他不必伪装。而炫耀者也是指某种积极风格的自然散发，像积极的示好，霸气的表态等都能使对方感到一种强有力的磁场。

身处自己的领地，我们是支配者，可以随意靠近领地中的任何人，而被靠近者不能介意，建立权威。反之，当有人靠近我们的领地时，会被视作挑衅，从而进行反击。因此，与人相处时，我们可以敏锐地把握自己和他人之间的安全距离，既不越界，也能使自己处于比较放松的状态。

以爱的名义行凶——爱恨反应

爱和恨是人类感情世界中的两个极端，如同对和错一样。它是由爱和恨所主导而产生的一种反应。在当下很多男人热恋的故事中，因爱而恨或者因恨而爱的事情经常发生。一方在爱对方的时候，会做出很多以爱的名义为出发点的微反应，比如他希望对方也能够爱自己，于是在对方面前处处体现自己的优势，长处。而当一方恨对方的时候，同样会做出以恨的名义为出发点的微反应。比如有意识地拉开彼此之间的距离，恶狠狠地质问对方："你为什么不爱我！"当然，因为"爱"或者"恨"还会做出很多其他的行为。

爱恨反应的体现，主要源自人们对爱情的追求。爱情是伟大的，也是渺小的。当两人彼此都深爱对方的时候，这种爱情就是伟大的爱情。而当一方深爱对方，而另一方不爱对方的时候，这样的爱情对于不爱者来说，就变得相当的渺小。因为不爱，所以一方根本没有把另一方的爱放在眼里。

> 爱一个人本来应该让其过得快乐幸福，因此他会做出很多让对方感动的事情。而当这种爱的付出被拒绝的时候，如不正确地调整，就会产生恨，从而做出伤害对方的行为。

　　不管爱情是多么的伟大、渺小甚至神圣，究其源头都是繁衍的需求，人类随着这个基本需求发展，心理情绪不断发生着变化，随后产生了喜爱。起初人们对异性的喜爱也只是从外貌、身体体质进行评判。而对于爱情的需求，则是人类进入文明时代后的一种精神需求，也就是说，爱情是后天培养出来的。

　　在爱的过程中，有些人身上会产生一种害羞反应，这主要因为没有爱情的经历，因此会感到羞涩。比如某人喜欢对方，但又不好意思表达自己的爱，也没有恋爱经验，所以会产生一种不自信、担忧的情绪。人在不自信时，自主神经系统会将大量的血液输送到头部，因此，头部的皮肤下面的毛细血管会增多，从而产生脸红。这就是因为爱而产生的一种害羞反应。

　　强是某大学二年级的学生，是老师及父母眼中的好孩子。不管是初中还是高中，在班级中他的学习总是名列前茅。在高中的时候，有的男同学就已经开始谈恋爱了，而他虽然对异性也有一种向往和好感，也有女同学喜欢他，但他觉得会影响自己的学习，所以始终没有恋爱。

　　在上了大学后，强觉得一切都那么的不同，没有紧张的学习环境，没有老师整天催着你去交作业，很长一段时间这让强觉得很不适应。

　　一晃已经到大二，班中90%的男同学都谈了恋爱，在同学的催促下，这让他也很想谈一次恋爱。强的宿舍有一个同学已经谈过三次恋爱，可以说是经验丰富，在他的鼓动下，给强介绍了一位女朋友。

　　舍友也是出于好意，强也就欣然接受了。这天，两人约定在足球场的看台上见面，强很早就来到了约定的地方，坐在看台的凳子上等待心中的女孩。就在自己想象这位女孩会是什么样子时，突然有一个女孩叫了强的名字，强转过头，一张非常靓丽的脸出现在了他的面前，长长的黑发，大大的眼睛，匀称的身材，这正是强心中所描绘的女孩。

　　女孩又叫了一声强的名字，强这才反应过来，原来是自己愣住了。女孩这一叫不要紧，强的脸刷地一下全红了，语言也显得语无伦次，随后低下了头。

还好女孩反应比较快，幽默地说："没想到你还是关二爷啊！"化解了强心中的尴尬。

案例中，强脸红的反应，以及最后低下头这都是害羞的反应，而且这种害羞反应是因为爱而产生。所以，也可以称之为爱恨反应。

两个人的爱情在经营的过程中不光有甜蜜，而且还有不安、厌恶以致演变成恨。每个人都希望自己爱的人也能够爱自己，可是当自己爱的人不爱自己或者被否定的时候，就会产生负面情绪。这种负面情绪如果不能够正确地去化解的话，就会产生愤怒的情绪，继而开始恨对方。

经常看电视新闻，经常会有这样类型的报道，甲长时间追求乙，因为乙不同意，而导致甲向乙泼了硫酸。甲所产生的行为就是因为因爱而恨产生的爱恨反应。

"路见不平一声吼"——战斗反应

电视剧《水浒传》中有一句歌词是这样写的："路见不平一声吼啊，该出手时就出手。"从心理学角度来说，这句歌词所体现的是微反应中由情绪衍生的战斗反应。

所谓战斗反应，指的就是，人们在进行日常行为活动的时候，遇到某种刺激，而产生的一种抵触情绪，下意识地做出一些出其不意的举动或行为。

在某个特定的时间，捕食者与被捕食者之间、驱逐者与被驱逐者之间，没有先来后到、尊辈长幼之分，更谈不上面子的问题，唯一的目的就是生存。

无论是在生活中、学习中、工作中，遇见不对的地方或对自己构成威胁的地方，人们都会产生情绪的波动，而战斗反应，是人们在发泄自己情绪的最好方式之一，同时也是观察对方薄弱点的方法之一。

　　赵琳和几个朋友一起逛街买东西，看见有个店铺在搞打折活动，便也进去凑凑热闹。好不容易她们才挤进店铺的货架区，原来今天是该店的十周年庆，所有物品一律五折销售，限时抢购。

　　赵琳便随手拿起一个篮子，和朋友们疯狂选购。由于是五折限时抢购，购买者的情绪高涨，都非常兴奋，看见一件自己喜欢的商品就马上收入篮子中。

　　赵琳来到一个货架前看见自己心仪已久的一个玻璃杯，便激动地伸手去拿，可是就在这时，从赵琳的右边也伸出了一只手去拿那个杯子，赵琳扭过头对那个人说："这杯子我先看到的，应该归我。"

　　那个人觉得赵琳有些莫名其妙，没有搭理赵琳，直接拿起杯子转身准备离开。谁料，赵琳一把拉住那个人说："不许走，我跟你说话你没有听见吗？"

　　那个人很无奈地说："这个杯子是我先拿到的，你可以去挑选别的。"

　　可是赵琳却仍然不肯放手说："要不你把这个杯子让给我，你再挑个别的吧，这个杯了我想了好久了。"

　　那个人听了赵琳的话情绪有些激动地说："你这人，跟你说了你去选别的，我先拿到的，你想了好久了，你怎么不买，非到这个时候来跟我争。"

　　赵琳见对方不肯让步，便想一把夺过杯子，不料杯子在争夺过程中，摔在了地上。只听见"砰"的一声，杯子摔破了。

　　这时，营业员走了过来，见杯子碎在地上，赵琳和那个人分别站在杯子的两边，顿时身体僵硬，营业员便问："这个杯子，你们打算哪个来赔？"

　　就在此时，赵琳想扭头就走。不料，与赵琳抢杯子的那个人一把拉住赵琳，说："你别走，你把杯子摔烂了，你赔。"

　　赵琳自知犯了错，但却又觉得面子上很过不去，霎时间，赵琳嗓音抬高，说："赔就赔嘛，不就一个杯子吗？一个大男人还跟我这个女人争！"说完赵琳还用不屑的眼神打量着对方。

　　那人见赵琳的言行举止，便觉得很不悦，说："这年头，林子大了什么样的鸟都有！"

这个故事虽然是个争吵的片断，但我们从这个片断中，可以看到赵琳的情绪波动和与赵琳争吵的那个人，情绪也在发生微反应。

赵琳在对方指出自己摔碎杯子的时候，感觉自己脸上很没有面子，但又故作镇定，虽然她用不屑的眼神去打量对方，但她说话的语气暴露了自己内心的屈服，明知自己站不到理字那边，却还是硬着头皮发出战斗反应。

在发生战斗反应时，身体的反应主要是因为刺激了人体的大脑，使人们的情绪高涨，也可以用热血沸腾、呼吸加剧、理智消退来形容，最终将原本平静的情绪引向愤怒发生争执。

失败者有高兴的权利吗——胜败反应

人们总说同行是冤家，这句话也不是没有道理的。之所以会是冤家大多数都归结于对彼此间的业务范围形成了一种竞争机制，在面对同一顾客的时候，人们的情绪就会发生微反应，希望顾客能购买自己的产品，顾客最终选择去哪家买东西，哪家就是最后的赢家，输的那家情绪低落，赢的那家趾高气扬，如此说来失败者似乎没有什么高兴的权利。

然而，聪明的人会从失败中总结经验，获取成功，重获高兴的权利。人的情绪会发生演变的，在心理学中的胜败反应，可以帮助人们获取成功，找回自信。

所谓胜败反应，多半是指战斗结束之后所表现出来战败和战胜的一种心理反应。人们可以通过胜败反应，洞察出对方当时的心态和下一步的行动。通常胜利的人在胜败反应中所体现出来的情绪主要有趾高气扬、欢欣鼓舞、兴奋喜悦等。

而失败的人却常常表现出情绪低落、垂头丧气、沉默不语等。我们可以通过胜败反应，推测出对方的战斗结果，除此之外，还能预测出对方以后会不会成为自己最具竞争力的对手、对方的心态如何等相关信息。

无论是积极还是消极，人们都要通过某种方式发泄出来，舒缓紧张的神经，使身体恢复到正常状态。骄傲使人落后，谦虚使人进步。胜利会刺激人的大脑，产生积极的情绪，失败同样也会刺激人的大脑发出消极的信号。然而如果胜利就要骄傲，失败就要一蹶不振，这样的情形是非常不乐观的。

李娜和王芳是某校的高才生，成绩都相当优异。很多时候，同学们都会拿她们两个当做自己学习的榜样和努力的目标，而李娜和王芳也在彼此之间进行着学习能力的较量。眼看着期中考试临近了，李娜和王芳都做好了再次较量的准备。

考完试交卷的时候，李娜和王芳相互看了看彼此，李娜很得意地说："你说这次我比你考得高，还是你比我考得高？"王芳思考了一下，摇着脑袋有点泄气地说："我有几道题没有写对，估计这回考得不是很理想。"李娜见王芳低落的情绪，心里暗喜，一边跷着二郎腿，一边抖动着自己的小腿，笑嘻嘻地对王芳说："下次还有机会，我这次感觉考得还不错。"

李娜得意的表情，一幕幕印在了王芳的心里，王芳看着李娜淡淡地笑了一下，心里暗许，下次绝对要考过李娜。

从李娜和王芳的对话中，我们可以看出李娜这次期中考试肯定考得比较理想，她将王芳定为自己最有竞争力的目标，当听见王芳说自己有几道题没有答对的消息时，李娜欣喜若狂，这些可以从李娜的肢体动作和面部表情中体现出来。

李娜的言行举止凸显了李娜胜利的喜悦心情，但也表现了李娜骄傲的情绪。李娜骄傲的言语行为，下意识地刺激了王芳求胜的心理，她之所以沉默不语，不仅仅是因为自己对这次考试的不理想，更多的是思索自己有很多的不足，与对手的距离还有很多，还需要加强。

通过这些微反应，可以比较精准地分析出对方的心理，即使对方说的是违心的话，也掩盖不了言语背后的真实情绪。

人们在发生胜败反应的时候，总是会通过一些方式发泄自己的兴奋情绪，如夸张的举止、大声音唱歌、嘶吼等，动作幅度越大便意味着对方所需要消耗的能量越多，卸下的防备也就越多，这时的心理状态最为薄弱，在这个时候很容易体现出一个人真实的内心世界。

对方的不舒服——逃离反应

在古代的战争中，两个国家进行打仗，但是力量悬殊，这时，在战场上力量比较薄弱的一方就可能出现"逃兵"，即放弃与敌人对抗。这就是一种最简单的逃离反应。因为自己的生命安全遭到了威胁，心里感到恐惧或者厌恶，而自己又没有改变这个局面的信心，因此，产生了逃离的行为。

在远古时代，判断逃离反应相对比较简单，而且清晰明了，打不过对方那就跑；过不了河，那就往回走。而随着社会的发展，人际关系的复杂，人类思维的提升，人们所表现出的逃离反应通常都比较隐晦。但只有我们准确判断出对方的反应是否是逃离反应时才能够了解对方心中的负面心态，以及产生逃离反应的推动源。

G某是一位国内最近绯闻非常多的女车模，因为大众对其绯闻议论纷纷，所以很快成为了娱乐界的"头版人物"。

人既然出名了，那么大众就会对其身边的绯闻非常感兴趣。随后，G某被邀参加一档现场直播的娱乐综艺节目，当然，G某也爽快地答应了。

在节目刚刚开始的时候，G某与主持人打招呼，与观众打招呼，始终保持着一种职业化的状态。面带微笑，上身挺直的坐在沙发上，两条腿并在一起，双手放在腿上，一种非常标准的职业坐姿。

节目刚开始首先是主持人进行提问，因为是娱乐节目，所以大家都在聊一些化妆、吃饭、穿衣等比较时尚的事情。当然，G某也显得比较轻松，始终保持着一种职业状态，通过小腿的倾斜，以及面部表情可以判断出她心情很好。

可就在这个时候，主持人突然转换了话题，询问 G 某关于她绯闻的事情，这时 G 某的表情及动作产生了很大的变化。首先是眼睛多次睁大，鼻子也开始扩张，双手由原来放在腿上的动作换成抱在胸前，另外，她的小腿也不再成倾斜角度，而是变成了直角。显然 G 某感到很生气。

在这种状态下，主持人并没有停止问关于 G 某隐私及绯闻的话题，最后，G 某彻底改变了之前的职业状态，身体直接向后靠在沙发上。没过多久，这次节目没有录制结束，大家不欢而散。

> 交际中对方表现的逃离反应，体现了我们的行为可能已经威胁到了对方。而从对方产生的逃离反应中，可以窥探对方此时的心理状态。

在这个案例中，G 某的逃离反应出现了两次，第一次是双手由原来放在腿上的动作换成抱在胸前，小腿也不再成倾斜角度，而是变成了直角，这是一种很明显的逃离反应。

第二次是身体整个靠在沙发上，这与她之前上身挺直坐在沙发上许久的动作有天壤之别。再加上当时的环境及她的面部表情，很明确地说明了这是一种逃离反应。

我们知道，冻结反应可以消除某些威胁，比如在台上的尴尬，而当冻结反应无法消除威胁的时候，那么就会产生逃离反应，这就变成了逃离反应。当然，如今社会生活中很多的逃离反应不再像是原始的遇到野兽就逃跑的这种简单的反应。经过几千年的进化，这种反应已经演变成了很多方式。比如商业谈判中，当彼此之间谈的不合自己心意的时候，谈判者就会扭转身体，椅子向后推，转头等反应。这些反应都明确体现了当事人的心理活动。

参考文献

[1] 戈阳. 动作会说话：不可思议的微反应心理学 ［M］. 北京：中国华侨出版社，2012.

[2] ［美］巴尔肯. 微心术——瞬间看透人心的艺术 ［M］. 江菲菲，译. 合肥：安徽人民出版社，2012.

[3] 蔡丽朋. 微反应器——现代化学中的新技术 ［M］. 北京：化学工业出版社，2004.

[4] 墨墨. 辨识谎言：FBI读心识人术 ［M］. 北京：北京理工大学出版社，2012.

[5] 姜振宇. 微反应：小动作背后隐藏着什么 ［M］. 南京：凤凰出版社，2011.

[6] 郭志亮. 微反应读心术 ［M］. 北京：台海出版社，2012.

[7] 李海峰. 做人要有心机，做事要有心计 ［M］. 北京：中国商业出版社，2011.

[8] 陈荣斌，林墨叙. 做人有心计做事有手腕 ［M］. 北京：新世界出版社，2011.